Armin Nassehi
Editorial

Georg von Wallwitz schreibt in seinem Beitrag, in der Parole der Französischen Revolution – *Liberté, Égalité, Fraternité* – sei die Dritte im Bunde, die Brüderlichkeit, ein Fremdkörper. Freiheit und Gleichheit seien diejenigen Mechanismen, die individuelle Eigeninteressen promovieren, Eigeninteressen, die die Brüderlichkeit mit dem anderen korrumpieren. Wallwitz bezieht das vor allem auf ökonomische Beziehungen, in denen etwa asymmetrisches Wissen ökonomisch hilfreich ist, unter Brüderlichkeitsaspekten aber eher nicht. Diese Art von Asymmetrien freilich scheint sich durch alle möglichen Beziehungen zu ziehen. Deshalb ist unsere Begriffsreihe *Freiheit, Gleichheit, Ausbeutung* erwartbarer, als es auf den ersten Blick erscheint.

Die Beiträge in diesem Heft variieren allesamt diesen Zusammenhang zwischen Freiheit und Gleichheit auf der einen Seite und Ausbeutung auf der anderen, und das durchaus kontrovers. Die Beiträge von Erich Weede und Elmar Altvater etwa bestechen in ihrer Gegensätzlichkeit – aber vielleicht ist das nur die halbe Wahrheit, denn beide stoßen auf eine merkwürdige Dialektik: Weede darauf, wie der Kapitalismus als Ungleichheitsgenerator die Voraussetzung für Demokratie schafft, und Altvater darauf, dass inkludierende Ausbeutung womöglich besser ist als die Exklusion aus allen Ausbeutungsverhältnissen. Eine deutliche Absage erteilt Gerhard Klas den sogenannten Mikrokrediten für die Armen, die nur selten die Freiheit der Kreditaufnahme in eine Freiheit der Lebensführung ummünzen – parallel dazu nimmt Elísio Macamo die inneren Widersprüche der expandierenden kolonialen Aufklärung aufs Korn, die Freiheit in Abhängigkeit und Asymmetrie ummünzt. Wirklich aufregend ist auch Sudhir Venkateshs Reflexion über die Gangsterökonomie im New Yorker Untergrund. Er zeigt, wie sich Unternehmertum, also die bewusste Übernahme von Risiken mit dem Ziel der Maximierung eigener Optionen, in den sogenannten Unterwelten nach den gleichen Regeln richtet wie in der sichtbaren Welt. Man weiß am Ende nicht, ob der ethnografische Soziologe Venkatesh die Ökonomie der Glaspaläste als Parabel auf die Gangsterökonomie führt, oder ob diese eine Parabel auf jene sein soll. Jedenfalls zeigt er schön, wie sich gute Motive in ihr Gegenteil verwandeln können – und umgekehrt. Ähnliches hat auch Dirk Baecker im Blick, der in seiner furiosen Dekonstruktion des »Arbeitskraftunternehmers« den denunziatorischen Gehalt von »Arbeit« und »Unternehmer« aufnimmt, um diese beiden Seiten ganz neu zu ordnen und als eine Kippfigur darzustellen, die weder für Moral noch für Kritik taugt, aber Moral und Kritik anzieht. Auch Hansjörg Küster stößt auf eine Kippfigur: Die Forderung nach Schonung der Natur zielt darauf, eine Natur zu schonen, die selbst Ergebnis einer kulturgeschichtlich rekonstruierbaren Ausbeutung ist – einer Ausbeutung der Natur übrigens. Er plädiert für Strategien, die die Perspektive der gesamten Landschaft einnehmen, also nicht auf Reparatur an bestimmten Stellen, sondern als eine Strategie, die zwar lokal ansetzt, sich aber irgendwie aufs Ganze richten muss. Mit diesem Gedanken sind wir wieder am Anfang angelangt. Denn das ist genau das Problem: Man kann das Ganze benennen, aber gehandelt werden kann nur hier und dort. Das erzeugt neue Freiheiten und Gleichheiten, aber auch neue Ungleichheiten und Ausbeutungsverhältnisse.

Und es erzeugt merkwürdige innere Widersprüche, aus denen man auch beim besten Willen nicht herauskommt. Dorthe Nors' kleine, schöne Erzählung »Der Buddhist« beschreibt jemanden, der beim besten Willen in etwas gerät, was er nicht will, oder doch? Man weiß es nicht. Man weiß auch nicht, was man in den Bildern von Regina Schmeken sieht – und doch sieht man genau, was man sieht. Wir freuen uns sehr über diese beiden ästhetischen – literarischen und fotografischen – Beiträge. Thomas Palzer danken wir für die Fortführung der Leserbriefkolumne.

Ein Thema wird in diesem *Kursbuch* nicht behandelt – es ist das Thema der Selbstausbeutung. Der Autor, den wir darum gebeten haben, ein »Lob der Besessenheit« zu schreiben, eine Apologie der Selbstausbeutung, hat leider nicht geliefert. Es sollte kein Beitrag sein, der dafür wirbt, das Humankapital besser einzusetzen, abhängig Beschäftigte stärker in Anspruch zu nehmen, Kostensenkung durch Arbeitsverdichtung und Abwälzung von Risiken vom Unternehmen auf den Beschäftigten zu legitimieren. Es sollte eher um die Frage gehen, wie denn Innovation und Kreativität ohne Ausbeutung möglich sein kann, wenn man Ausbeutung wie Karl Marx dort beginnen sieht, wo der Arbeiter mehr leisten muss, als zu seiner Reproduktion nötig ist. Dass in der ökonomischen Rekonstruktion dieses Mehr bei Marx mitgemeint war, dass jener Mehrwert eben nicht dem Arbeiter, sondern Anderen zugute kommt, setzt ja nicht die Überlegung außerkraft, dass Innovation und Kreativität stets damit zu tun haben, mehrere Versionen eines nutzlosen Mehr zu produzieren, bevor es passt, mehr auszuprobieren, als funktionieren kann, vielleicht sogar besessen und wahnhaft ein Ziel zu verfolgen, das letztlich zum Scheitern verurteilt sein muss. Man kann einwenden, dass das auf bürgerliche Formen unternehmerischer Risikostrategien zielt, oder eher auf künstlerische Tätigkeiten als auf Produktion und Arbeit. Und doch bleibt der Gedanke: Schöpferisches Handeln, also Handeln mit Überraschungswert setzt mehr voraus als die Erfüllung eines Plans. Mehr im qualitativen Sinne und mehr im quantitativen Sinne, manchmal mit selbstzerstörerischen Folgen, manchmal triumphal. Langer Rede kurzer Sinn: Unser Autor konnte nicht liefern, er hat die Aufgabe unterschätzt, er hat uns kurz vor Toresschluss gesagt, dass es nicht zu schaffen sei. Er konnte nur im Konjunktiv sagen, was er geschrieben hätte.

Es ist nicht üblich, über nicht geschriebene Beiträge zu berichten – und auch Autorenschelte ist unüblich. Allein, dies ist keine Autorenschelte, im Gegenteil. Wir möchten gerade diesem Autor danken, denn dass er *nicht* geliefert hat, ist fast eine Parabel aufs Thema. Denn gerade diese Art der Selbstausbeutung und Besessenheit, die wir dem Autor als Thema ans Herz gelegt haben, ist eben nicht planbar, nicht organisierbar. Man kann damit nicht rechnen – und man darf damit womöglich auch nicht rechnen. Insofern ist die Nichtrealisierung dieses Beitrags ein Beitrag zum Thema. Hier enthält bereits ein nicht geschriebener Beitrag mehr Informationen als mancher Beitrag, der viele Seiten in Anspruch nimmt. Den Widerspruch, dass all das nur sichtbar wird, weil nun doch in diesem Editorial darüber geschrieben wird, sehen Sie uns bitte nach.

München, im August 2014
Armin Nassehi

Thomas Palzer
Brief eines Lesers (9)

Was ist Ausbeutung? Leider hat Kant zur Beantwortung dieser Frage keine wasserdichte Gebrauchsanleitung hinterlassen. Wir müssen uns auf unsere Intuition verlassen. In einer Welt, in der es aufgrund knapper werdender Ressourcen zunehmend um Verteilungsgerechtigkeit geht, sind wir da schnell überfordert. Das gilt erst recht für das digitale Double, wo permanent Entscheidungen darüber getroffen werden müssen, wie viel Batterieleistung ein Programm nutzen darf, wie viel Speicher oder Bandbreite und wie viel Aufmerksamkeit des Benutzers für sich reklamieren. Doch auch Maschinen, die in der Lage sind, sich selbst Regeln zu geben und sich an sie zu halten, bleiben im Zweifelsfall auf uns angewiesen. Kein Algorithmus kann Fairness bis in den letzten Winkel ausleuchten. Der menschliche Faktor bleibt unersetzlich. Als positiver *side effect* kann dabei in Rechnung gezogen werden, dass wegen der Konstitution und angeborenen Resilienz des Menschen bei dessen Herumhüpfen von Ast zu Ast im Entscheidungsbaum dem üblichen Beschleunigungsfuror Einhalt geboten wird.

Wer das Inhaltsverzeichnis des vorliegenden *Kursbuchs* überfliegt, dem fallen je nach eigener Profession im Hinblick auf den gesuchten Begriff noch weitere Ausschnitte der Wirklichkeit ein, die dringend dem Amt für Ausbeutungsschutz zur Vorlage gebracht gehörten. Ich spreche von der euphemistisch so genannten *Gratiskultur* und dem jedem Autor bekannten Anruf, bei dem man um einen schönen Text gebeten wird, für den, wie man schnell erfährt, leider bedauerlicherweise nichts bezahlt werden könne – in Zahlen: null, nüll, zéro. Wer Lust hat, seine Fähigkeiten einem professionellen Textbroker im Netz zur Verfügung zu stellen, der muss jeden Monat ein Buch von

50 000 Worten schreiben, um in der Uckermark mit Ach und Krach über die Runden zu kommen. Das Fernsehen hält sich seinerseits über Wasser, indem es zwei Drittel seines Programms mit Interviews befüllt, deren Urheber nur in den seltensten Fällen mit einem Obolus entschädigt werden. Vielleicht ist von daher das meistverwendete Motiv auf historischen Münzen das Opfertier gewesen. *Du Opfer* – jedenfalls, wenn von einem Autor die Rede ist. Für die Natur, die Ressourcen und einen Großteil der Menschen auf diesem Planeten sieht es allerdings noch schlimmer aus.

Um die Frage zu klären, was fair und was unfair ist, kann man eine Ethikkommission berufen oder selbst nachdenken. Die Antwort ist abhängig von dem Ort, an dem man spricht, und von der Zeit, in der man das tut. In unseren Breiten darf als Antwort gelten: Unfair ist, wenn ein Mensch, der acht Stunden am Tag arbeitet, von seinem Lohn nicht leben kann. Das ist sogar nicht nur unfair, das ist Ausbeutung.

Nun kann man die Frage stellen, wie ein Kontinent, dem vor über 200 Jahren der dreifaltige Geist von *Freiheit, Gleichheit, Brüderlichkeit* aufgegangen ist, so herunterkommen kann, dass ein Syllogismus denkbar wird, dessen Konsequenz *Ausbeutung* lautet. Das *Kursbuch* hat diesen Schluss gezogen – und er funktioniert schon rein intuitiv. Es wundert die Gegenwart eben nicht sonderlich, wenn der altehrwürdigen Werttrias das Vorzeichen verkehrt wird. Darin liegt unter dem Aspekt von Fortschritt der eigentliche Skandal.

Natürlich ist in den vergangenen bald 224 Jahren einiges passiert. Ich fasse mich kurz: Die Aufklärung ist über sich selbst aufgeklärt, und es hat sich die Erkenntnis durchgesetzt, dass der Sozialstaat nicht unbedingt etwas mit Fairness zu tun haben muss. Man stellt die Frage, was das Ungerechte an der Gerechtigkeit ist, und bekommt zur Antwort: Wenn zur Durchsetzung von Gleichheit ungleiche Anstrengungen und Leistungen nivelliert werden – dann ist das ungerecht. Zudem ist der moralische Rigorismus als Tyrann entlarvt, der nur allzu leicht bereit ist, im Namen der guten Sache die Freiheit der Andersdenkenden einzuschränken. Und um Gleichheit und Koexistenz zu gewährleisten, muss die Wirklichkeit parzelliert werden, was Parallelgesellschaften begünstigt und den Tatbestand verschärft, dass wir ohnehin nur noch eine fragmentierte Realität bewohnen. Kurz: Wie so oft im Leben zeigt sich auch diesmal, dass eine einfache und eigentlich evidente Losung, der sich nur mutwillig widersprechen lässt, bei näherer Betrachtung ihre Tücken besitzt.

Und nun also: *Freiheit, Gleichheit, Ausbeutung* statt *Freiheit, Fairness, Loyalität*. Man würde den Blick in die falsche Richtung lenken, wenn man in der Geschichte, die von der Französischen Revolution bis heute reicht, eine Verfallsgeschichte erkennen wollte. Der Verlauf zeigt vielmehr an, dass die Moderne auf einem Kurs ist, bei dem sie sich selbst radikalisiert. Und der von der Emanzipation in die Entfesselung führt, in die »Emanzipation vom Gewissen«, um Dolf Sternberger zu zitieren. Wenn Manager alle zwei Jahre ihren Arbeitsplatz wechseln, haben sie mit dem Ort, an dem sie arbeiten, nichts zu tun. Außer mit Zahlenverhältnissen sind sie mit nichts vertraut. Der Verlust des Ethos wird mit Hybris bestraft – wir erinnern uns.

In seinen *Reflections on the Revolution in France* hat der erklärte Gegner der Französischen Revolution, Edmund Burke, die Auffassung vertreten, dass ein wohlbegründeter Staat nur als »Gemeinschaft zwischen den Lebenden, den Toten und denen, die geboren werden« gedacht werden kann. Nun ist in dem Wort *Gemeinschaft* inkludiert, dass alle von dem Satz miteinbezogenen Zeitformen *gleich* gewichtet sind. Das ist längst nicht mehr der Fall. Die Zuversicht, den der Fortschrittsoptimismus zum Programm erhoben hat, setzt den Dispens zweier Zeitformen voraus: den der Vergangenheit und den der Gegenwart. Der Blick ist fest und froh auf die Zukunft geschweißt.

Heute befindet sich die Gegenwart weiß Gott in keinem ausgeglichenen Verhältnis zu Vergangenheit und Zukunft. Statt ein Politikverständnis zu fördern, in dem Vergangenheit, Gegenwart und Zukunft miteinander im Gespräch sind, wird viel zu viel Aufmerksamkeit auf die Zukunft gelenkt, die man üblicherweise als grenzenlos imaginiert. Und die neuen Kräfte, die die Zukunft mit sich bringt, werden prima facie als gut und verheißungsvoll begrüßt. Wo es doch nach aller Erfahrung ratsam wäre, ein vernünftiges Maß an Skepsis walten zu lassen. Inzwischen hat der Verbrauch der Zukunft dermaßen zugenommen, dass sie im großen Stil hergestellt werden muss. Die experimentellen Dispositive sind letztlich nichts anderes als Maschinen zur Erzeugung von Zukunft in Gestalt neuer Fragen. So der Evolutionsbiologe François Jacob.

Das ungeduldige Vorwärtsstürmen in die Zukunft erinnert allerdings an das Rufen im Walde, denn es verrät, wie sehr man auf die Zeit eifersüchtig ist. Ein erreichter Zustand wird immer nur als die Vorstufe einer prinzipiell unabschließbaren Entwicklung gesehen, die unentwegt im Begriff steht, dem Fortschritt einen weiteren Schritt hinzuzufügen. Mit Google Earth betrachtet, erweist sich die fromme Hoffnung, die man in die Zukunft setzt, nur als Flucht nach vorn.

Die Voreingenommenheit für die Zukunft verhindert, dass wir – wie Michael Oakeshott bemerkt – moralisch auf die Entstehung von Kräften wie den Verbrennungsmotor, die Atomenergie oder die Digitalisierung vorbereitet sind – mit den bekannten Folgen. Nun zeigt sich, dass einer Welt, die nur nach vorn guckt, jeder Rückhalt verloren geht. Und jede Rücksicht. Jedes Vertrauen und jede Vertrautheit. Der Boden kippt unter unseren Füßen weg. Entfremdung ist es, die *Ausbeutung* psychologisch überhaupt erst ermöglicht.

Wir sollten uns erinnern, was es heißt, in der Zeit und an dem Ort, die uns hervorgebracht haben, eingebettet zu sein, sich dort zurechtzufinden – zum *Recht zu finden*. Tradition ist vielschichtiger und mehrdeutiger, als man gedacht hat. In ihr sind Erfahrungen gespeichert, auf die wir nicht alle einfach verzichten können zugunsten eines mutwilligen Neuanfangs. Wir sollten lernen, uns zu beschränken und Rücksicht zu nehmen. Emanzipatorische Tendenzen müssen sich mit einer Bildungswelt, in der die Tradition vergegenwärtigt ist, die Waage halten. Denn Expansion führt nirgendwo anders hin als in die Emanzipation vom Gewissen. Weil das *Kursbuch* eine Institution ist, also etwas, was in der Zeit zurückreicht, steht hier nichts zu befürchten.

Sudhir Venkatesh
Freiheit im Untergrund
Die Gangsterökonomie in New York

Ich kam viel zu früh zur Vernissage und war nervös und aufgeregt. Es war der Tag, als Shine in mein Leben treten sollte.

Nachdem ich 1997 nach New York City gekommen war, hatte ich mich fünf Jahre lang mit der Untergrundökonomie der Stadt beschäftigt, einer weitgehend unbekannten Schattenwelt, in der Menschen Einkommen unterschlagen, Gesetze brechen und eine schier grenzenlose Kreativität entfalten, um an Geld zu kommen. In der Fachwelt würde man mich als »Ethnografen« bezeichnen, ein schickes Wort für einen Soziologen, der seine Zeit vor allem damit verbringt, andere Menschen in ihrem Alltag zu beobachten – also jemand, der herumlungert, statt Daten zu erheben oder Umfragen durchzuführen. In meiner Arbeit gehe ich davon aus, dass die Zeit für mich arbeitet. Sie bringt Dinge ans Licht, die Menschen gern verbergen. Sie lässt sie Sachen sagen, für die sie sich im Grunde schämen, und sie vermittelt ihnen ein Gefühl der Sicherheit, indem sie Dinge preisgeben, die sie fürchten. Zeit schafft Vertrauen. Nach zehn Jahren mit einer Crack-Bande in Chicago war auf diese Weise mein letztes Buch *Underground Economy. Was Gangs und Unternehmen gemeinsam haben* entstanden.

Jetzt stand ich vor derselben Hürde wie damals: Ich brauchte einen Zugang.

Dieser Zugang war Shine. Als ich ihn kennengelernt hatte, war er ein gewiefter Crack-Dealer in Harlem, doch seit dem Ende des Crack-Booms versuchte er, sich andere Märkte zu erschließen. Das bedeutete Midtown und Wall Street, Greenwich Village und Upper East Side. Ich folgte ihm bei seinen Abenteuern über gesellschaftliche Grenzen hinweg und lernte dabei eine ganze Menge Leute kennen, die sich außerhalb der Legalität bewegen: Prostituierte, Zuhälter, Puffmütter, Pornoproduzenten und tausenderlei Schieber und Drücker, die alle ihre Stückchen vom Kuchen abhaben wollten. Manchmal wurde daraus eine methodische Untersuchung, zum Beispiel, als ich mit Forschungsfördergeldern den Drogenmarkt von Harlem untersuchte oder in Zusammenarbeit mit den städtischen Justizbehörden eine Erhebung unter 150 Prostituierten durchführte. Aber oft blieb am Ende das nagende Gefühl, dass es Zusammenhänge gab, die ich nicht durchschaute. Richtig faszinierend und bewegend wurde es jedoch, als Shine mit Menschen in Berührung kam, die ich aus meinem Privatleben kannte, und die Grenze vom interessanten Forschungsgegenstand zur schmerzhaften Realität überschritten wurde.

Als ich kam, war die Party bereits in vollem Gange. In der großen weißen Atelierwohnung lagen wahllos verstreut Balken, Altmetallteile und gigantische Abbruchbirnen herum. Auf mich wirkte das Ganze weniger wie Kunst, eher wie eine verlassene Baustelle, doch es ist gut denkbar, dass ich nach anderthalb Jahrzehnten der Armuts- und Verbrechensforschung kein geeigneter Gast für dieses Zeug war.

Auf der anderen Seite des Raums erspähte ich Shines Cousine Evalina. Wir hatten uns vor einigen Jahren kennengelernt. Bei meinen Untersuchungen über die Schattenwirtschaft tauchte Evalina regelmäßig an Orten auf, an denen ich sie am wenigsten vermutet hätte. Sie war eine kleine, dralle Frau, die vor Energie nur so sprühte. In der Highschool hatte sie für Shine gearbeitet, dann war sie an die Westküste durchgebrannt, um sich selbst zu finden. Nachdem sie wegen Laden- und Autodiebstahl eingesessen hatte, war sie wieder nach New York City gekommen, wo Shine sie Kokain verkaufen ließ, unter der Bedingung, dass sie wieder zur Schule ging. Sie landete schließlich in der Fotografie und Bildhauerei. In der heutigen Ausstellung wurde eines ihrer Stücke gezeigt. Vielleicht war es ja keine schlechte Idee, auch ihr bei ihren Abenteuern zu folgen.

»Ist das nicht geil?«, fragte sie mich.»Ist das nicht alles total durchgeknallt?«

»Ja, cool«, erwiderte ich.»Glückwunsch, dass du hier ausgestellt wirst.«

Sie strahlte und sah glücklich aus, aber sie schien mir ein bisschen bemüht. Genau wie ich stach sie aus dem Meer der weißen Gesichter heraus. Von Shine wusste ich, dass sie in die Kunstwelt von Soho und Chelsea vernarrt war und irgendwann eine eigene Galerie aufmachen wollte. Er ließ sie sogar 30 Prozent der Einnahmen behalten, die sie dort machte. Evalina tat ihren hippen neuen Freunden gern einen Gefallen, aber wenn es ans Kassieren ging, stellte sie sich nicht immer sonderlich schlau an. Das war auch der eigentliche Grund, weshalb Shine heute Abend in die Galerie kommen wollte. Wenn sie in diesem neuen Territorium überleben wollte, so Shine, dann musste sie diese verdammten Künstler auch dazu bringen, die Scheine rüberwachsen zu lassen.

Mit einem Mal stand er in der Tür, in Jeans, Kapuzenpulli und weißen Basketballschuhen. Langsam überblickte er den Raum, so wie es jeder gute Verkäufer tun würde. Er wirkte selbstbewusst, groß, attraktiv – und völlig fehl am Platz.

Mit drei Nichtweißen im Raum war dies die multikulturellste Party, die ich je in Soho besucht hatte.

Einen Augenblick lang zögerte Shine. Vielleicht kamen ihm Zweifel. Dann ging er auf einen Knäuel von Abbruchbirnen zu, die an unsichtbaren Schnüren von der Decke herunterhingen. Sie waren kotzgrün, schwarz bemalt und groß genug, um sich dahinter zu verstecken.

Ich ging auf ihn zu.»Komisches Zeug, oder?«

»Findest du?«

Ich verdrehte die Augen.

Er sah sich die schwebenden Kugeln an und überlegte einen Moment lang.»Ich find's cool.«

In den letzten fünf Jahren hatte ich erlebt, wie er nach einer Schlägerei seine Fingerknöchel verarztete, sich um Verwandte in Not kümmerte, junge Männer als Drogenhändler rekrutierte, und was weiß ich, was noch alles. Mich konnte er nur wenig überraschen. Aber jetzt erstaunte er mich doch. Wollte er mich auf den Arm nehmen?»Echt? Das Zeug findest du cool?«

Er nickte. »Könnte eine Krankheit sein oder einfach nur Seifenblasen – weißt du, das Zeug, das du als Kind so gemacht hast.« Er lächelte. Der Gedanke schien ihm zu gefallen. »Es kann einen glücklich machen, aber es kann einen auch umbringen. Ja, das ist echt cool. Der Typ hat's geschnallt.«

Ich war ein bisschen genervt. Wollte dieser Drogendealer aus Harlem an diesem fremden Ort vielleicht auch den Boss spielen? Aber ich unterdrückte das Gefühl.

Ich war dabei gewesen, als Shine seine ersten Schritte aus Harlem heraus in die Bars an der Wall Street und in Soho gemacht hatte. Ich wusste, wie viel Mut dazu nötig war, wie viel sorgfältige strategische Analyse, welche Vision. Ich hatte viele Drogenhändler kennengelernt, aber niemand überschritt mit solcher Leichtigkeit immer neue Grenzen. So gesehen war Shine nichts anderes als ein junger Amerikaner, der seinen Traum leben wollte, und alles tat, um riesige Hindernisse zu überwinden. Statt mich zu ärgern, hätte ich lieber seine geniale Anpassungsfähigkeit beobachten sollen.

*

Shine war allerdings nicht der einzige Großstadtpionier, den ich beobachtete. Aus verschiedenen Blickwinkeln der Untergrundökonomie und der jungen Reichen konnte ich zusehen, wie die Kräfte der Globalisierung und Stadtentwicklung ganz New York umkrempelten. Rudy Giulianis ehrgeiziges Säuberungsprogramm hatte der Stadt die Dollars der Touristen und eine beschleunigte Gentrifizierung beschert. In Manhattan richteten multinationale Konzerne neue Unternehmenszentralen ein. An der Wall Street boomten die Finanzdienstleister mit schier manischer Energie. Angehörige der Mittel- und Oberschicht strömten scharenweise aus den Vororten zurück in die Innenstadt. Das alles war mit bloßem Auge erkennbar und wurde in den Medien abgefeiert. Auch der Untergrund war in Bewegung, auch wenn die Umwälzungen dort kaum Beachtung fanden. In der zunehmenden Gentrifizierung suchten Tausende Aufstrebende aus der Unterschicht nach neuen Marktnischen und Betätigungsfeldern. Von südasiatischen Pornoladeninhabern und nigerianischen Taxifahrern in Hell's Kitchen bis zu ambitionierten lateinamerikanischen Prostituierten der Lower East Side und den Luxusescorts der Upper East Side schufen die raschen Umwälzungen in dieser Weltstadt neue Gewinner und Verlierer. Der Strudel ließ den kommenden Crash bereits erahnen, doch vieles davon war schwer zu greifen. In den Verschiebungen im riesigen Kontinent der Untergrundökonomie warfen kommende Ereignisse ihre Schatten voraus – doch wie diese Ereignisse aussehen würden, das konnte niemand ahnen.

In diesem Zusammenhang schien Shines Begegnung mit der zeitgenössischen Kunst so etwas wie ein Signal. Ich befand mich nicht mehr in einer Stadt des Mittleren Westens, in der die Grenzen zwischen gesellschaftlichen Milieus und Stadtteilen stabil waren, egal welche Kräfte auf sie wirkten. Chicago feiert sich etwa als »Stadt der Stadtviertel«, und dahinter verbirgt sich ein Ort der systematischen gesellschaftlichen und ethnischen Segregation. Das hat seine Vor- und Nachteile. Jeder hatte sein Viertel, auf das er stolz war und in dem er sich engagierte. Selbst der Untergrund organisierte sich streng nach Stadtteilen. Egal ob es um Babysitter, Drogen oder Kredite ging: In Chicago machte man seine Deals mit dem Nachbarn. Es war nahezu unvorstellbar, dass die Banden, die ich untersuchte, die Wege von Menschen aus meinem universitären Milieu kreuzten. Ich war davon ausgegangen, dass alle Städte nach diesem Muster funktionierten. Doch die Stabilität Chicagos lag hinter mir, und im Rest des Landes schien einiges in Bewegung geraten zu sein. Vielleicht war New York ein Vorbote der Zukunft.

Aber was brachte diese Zukunft?

Sie verhieß eine Welt mit durchlässigen Grenzen. Der Vergleich der Bricolage drängte sich mir auf – die Kunst, aus den Einzelteilen von

Bestehendem eine neue Ordnung zu schaffen. Vielleicht konnte ich ein neues Muster erkennen und eine neue Sprache finden, um zu beschreiben, wie die Unterwelt in Interaktion mit dem Mainstream die Welt der Zukunft erschafft.

*

Während Shine und ich noch vor den riesigen grünen und schwarzen Kugeln standen, hörte ich aus der Mitte des Raums eine weibliche Stimme:»Hey! Sudhir!«

Es war Analise, eine Frau aus der elitären Subkultur der jungen und reichen New Yorker, die die karitativen Stiftungen ihrer Eltern weiterführten. Heute Abend war sie brünett und strahlte diese elegant-lässige Herzlichkeit aus, die diesen reichen jungen Frauen angeboren zu sein scheint.

Ich hatte einen kurzen Aussetzer. Einmal, als ich eine Prostituierte in einer zwielichtigen Bar in Hell's Kitchen interviewte, waren ein paar von meinen Studenten zur Tür hereingekommen. Es folgte eine peinliche Begrüßung, ehe ich sie abschütteln und mein Interview fortsetzen konnte. Bei einer anderen Untersuchung von Prostituierten in Striptease-Bars erkannte ich zwei ehemalige Studentinnen – eine arbeitete als Stripperin, die andere hinter der Theke. Begegnungen wie diese sind mir nicht peinlich. Es gehört zu meinem Job, in Striptease-Bars herumzuhängen.

Aber das war Analise, die Tochter Amerikas.

An dieser Stelle sollte ich etwas erklären. Jeder bringt eine bestimmte Perspektive mit, und meine ist die eines indisch-amerikanischen Jungen, der in Kalifornien aufgewachsen ist. Ich begeisterte mich für alles »Amerikanische«, von den Urenkeln afrikanischer Sklaven, die in den Slums von Chicago lebten, bis zu den südasiatischen Einwanderern am Steuer der New Yorker Taxis, die in die Fußstapfen der Italiener und Iren treten. Analise konnte dagegen ihren Stammbaum bis zu den Pilgervätern zurückverfolgen; wenn irgendjemand »Amerikanerin« war, dann sie. Sie war eine der vom Schicksal verwöhnten Reichen und Schönen, die mit privaten Stiftungen und Wohltätigkeitsbällen, Pferden und Mädcheninternaten, Sommerferien in Maine und Skiurlaub in Sankt Moritz aufwachsen. Jedes Mal, wenn ich sie sah, schien sie ein anderer Mensch zu sein, immer voller verrückter Abenteuer und überbordender Emotionen. Ihre befremdliche Angewohnheit, Kellner und Taxifahrer wie ihre privaten Butler zu behandeln, machte sie nicht weniger sympathisch. Ihr elitäres Verhalten hatte nichts Boshaftes, es war einfach angeboren. Genau das faszinierte mich. Aber jetzt machte ich mir Sorgen. In den vergangenen sechs Monaten hatte ich Analise auf einer Party und einer Vernissage gesehen, und beide Male hatte sie mich beiseitegenommen und mit dem manischen Enthusiasmus und verräterischen Schnüffeln auf mich eingeredet, das ich von gewohnheitsmäßigen Kokainkonsumenten kannte. Das war an sich schon schlimm genug, und ich hoffte, dass das nicht von Dauer war. Aber heute Abend war ich mit einem der größten Koks-Dealer von Harlem unterwegs, und ich wollte nicht derjenige sein, der der Tochter Amerikas den perfekten Zugang zur Drogenwelt verschafft.

Ich sah mich rasch um und war erleichtert, dass Shine nicht in der Nähe war. Lächelnd kam Analise zu mir herüber und verschüttete dabei ein paar Tropfen ihres Cocktails.

»Wow, ich hätte nicht gedacht, dass ich dich heute hier treffe«, sagte sie. »Kennst du Carter One?«

»Wen?«

Es seien Zwillinge, sagte sie, Carter One und Carter Two. Carter One war ihre Freundin Mindy. »Das Gebäude gehört ihrer Familie.« Sie zeigte mit der Hand herum. »Cool, was?«

Just in diesem Moment tauchte Shine hinter dem Kunstwerk auf. »Tut mir leid, Mann, ich hab dich nicht gesehen«, sagte er.

Ich stand eine gefühlte Ewigkeit lang wie erstarrt da. Sollte ich die beiden miteinander bekannt machen?

Analise kam mir zuvor und streckte ihre Hand aus. »Du bist Sudhirs Freund? Ich bin Analise.«

»Shine«, sagte er.

Die beiden grinsten einander an, als wäre etwas hochgradig Amüsantes passiert. Shine gegenüber hatte ich erwähnt, wie sehr mich die Welt der Reichen und Schönen faszinierte, und Analise wusste, dass ich Drogenhändler erforschte, die sich an die Veränderungen auf dem Crack-Markt anzupassen versuchen. Das Projekt war zwar noch in der Schwebe, aber ich hatte die Vorstellung, Drogenbanden aus den Vierteln von Chicago mit unabhängigen Drogenhändlern wie Shine in New York zu vergleichen. Sie schien ihn mit großem Interesse zu beobachten und folgte seinem Blick zu einem nostalgischen Foto eines Hauses mit Hinterhof.

Ich betete, dass sie ihn nicht fragen würde, wie es sich anfühlte, als Schwarzer oder Krimineller aufzuwachsen. So unsensibel war Analise in der Regel zwar nicht, im Gegenteil, meist zeichnete sie sich durch eine anrührende Herzensgüte aus. Aber so aufgekratzt, wie sie in diesem Moment war, und so, wie ihre Augen glänzten, fürchtete ich das Schlimmste.

»Ein hässliches Bild, findest du nicht?«, fragte Analise und wandte sich von mir ab hin zu Shine.

»Er hätte es von innen aufnehmen sollen«, meinte Shine.

Sie schien überrascht. »Warum?«

»Wegen des Titels. *Was ich gesehen habe.*«

Sie gluckste. »Ja, aber ätzend ist es trotzdem.«

»Ich habe ja nicht gesagt, dass es gut ist.«

Sie schauten sich gemeinsam ein paar Kunstwerke an und blieben vor einer großen pelzigen Puppe stehen. »Das finde ich sexy.«

»Ich würd's kaufen«, erwiderte Shine. Ich sah nur einen Kartoffelsack, der mit billigem Flokati beklebt war. Ich konnte mir nicht vorstellen, was jemand daran finden konnte.

Aber die beiden waren bereits ein verschworenes Paar. Ich fühlte mich so überflüssig wie eine verdorrte Topfpflanze.

Analise zeigte auf einige rosa Knautschbälle und lachte. »Die hat's wohl schon länger nicht mehr gemacht.«

»Ich glaube, sie ist einfach frustriert«, meinte Shine.

Ich wagte Widerspruch. Wie kamen sie nur darauf, dass es sich um eine Frau handelte? Abgesehen von der Klischeefarbe Rosa konnte ich keinen Hinweis erkennen. »Woher wollt ihr wissen, dass das eine Frau gemacht hat?«, fragte ich.

»Natürlich war das eine Frau«, sagte Analise.

»Das war nie und nimmer ein Mann«, bestätigte Shine.

Ich ergab mich. Wie hatten die beiden so schnell ein Bündnis geschmiedet? Spielten sie mir etwas vor?

Ehe sie sich das nächste Meisterwerk vornehmen konnten, erschien Evalina. »Schön, dass ihr da seid!« Sie gab Shine einen dicken Kuss und drückte mir die Hand, dann wandte sie sich Analise zu. »Hallo. Wir haben uns auf dem Gang gesehen.«

Analise grüßte halb abwesend, dann schien sie aufzuwachen. »Natürlich! Du bist *die* Freundin von Taylor!«

Sie sahen sich an, und Evalina schien mit ihrem Blick die Frage in Analises Augen zu bestätigen: genau, die Freundin. Die Verbindung war hergestellt.

Aber Analise wollte an die Quelle. Blieb nur die Frage, wann sie herausfinden würde, wer Evalina belieferte.

*

Ich entschuldigte mich und ging an die Theke, während die drei gemeinsam weiterschlenderten. Ich verspürte eine gewisse Beklemmung. Natürlich half ich Shine nicht dabei, seine Geschäfte zu machen, und über Analise hatte ich schon gar keine Kontrolle. Aber als ich sie dabei beobachtete, wie sie vertraut plaudernd von einer Skulptur zur nächsten gingen, ratterte mein Gehirn. Hatte ich Analise jemals etwas erzählt, das Shine das Gefühl gab, ich hätte sein Vertrauen missbraucht? Gab es etwas, das Analise das Gefühl geben konnte, sie sei mein unfreiwilliges Studienobjekt? Schlimmer noch, hatte ich mit meiner Einmischung die Wirklichkeit verzerrt? Oder war diese Zufallsbegegnung genau die Wirklichkeit, die ich dokumentieren sollte? Wir standen schließlich in einer Kunstgalerie, die mit den Stiftungsgeldern des

Geldadels der Upper East Side gekauft worden war (die Dollars der neuen städtischen Kunstförderung nicht zu vergessen), Kunstwerke schwarzer und weißer Hipster unterschiedlicher künstlerischer Bildung und sozialer Herkunft ausstellte und von einer Mischung aus Wall-Street-Greenhorns, Clubbern und Scheckbuchhippies besucht wurde – plus den Buppies, den aufstrebenden schwarzen Yuppies aus Harlem, die gerade zur Tür hereinkamen –, der perfekte Markt also für Crack-Dealer, die sich südlich der 96th Street neu erfinden wollten. Was wollte ich mehr?

Eine halbe Stunde später kam Shine zu mir an die Theke. Analise hatte uns für morgen zu ihrer Party eingeladen, sagte er. »Hast du neue Geschäftspartner gefunden?«, fragte ich. »Vielleicht eine neue Klientin?«

Es sollte wie die objektive Frage eines Soziologen klingen, doch selbst ich konnte den Unterton hören.

Shine sah mich nur an und schüttelte langsam seinen Kopf, so als wollte er mir bedeuten, dass ihn meine Skrupel oder Eifersüchteleien nicht interessierten. Er war ein Geschäftsmann, und dafür musste er sich nicht entschuldigen. »Was will man machen, Mann. Das weißt du doch.«

Zum Abschied gaben wir uns die Hand. Er schlug mir geistesabwesend auf die Schulter und ging. Er war groß, und in seiner stoischen Zurückhaltung wirkte er kompakt.

Kurz vor der Tür entdeckte er Evalina in der Menge und nickte ihr zu. In meiner jahrzehntelangen Beschäftigung mit dem Drogenhandel habe ich diese Geste Hunderte Male gesehen. Shine hatte nie selbst Drogen dabei. Aber die Geste bedeutete, dass er gleich einen Kurier mit einem Päckchen schicken würde.

Ich blickte mich um und erspähte Analise. Auch sie sah hinüber zu Shine.

*

Den nächsten Tag verbrachte ich an der Universität. Meistens sitze ich an meinem Schreibtisch und lese Fachartikel oder bereite einen Kurs vor, aber manchmal setze ich mich auch in den Schneideraum und gehe meinem neuesten Hobby nach, dem Dokumentarfilmen. Gerade stellte ich einen Film fertig, den ich über die letzten Tage eines sozialen Wohnprojekts in Chicago gedreht hatte, ehe es von der Stadtverwaltung abgerissen wurde. Aber die Ereignisse des Vorabends wollten mir nicht aus dem Kopf gehen. Ich wusste nicht, was ich von der Sache halten sollte. Einerseits hätte ich mich freuen sollen, dass Shine und Analise einander über den Weg gelaufen waren. Das wäre ein unglaublicher Dokumentarfilm und würde Material für eine provokante Studie liefern. Aber Analise war keines meiner soziologischen Studienobjekte. Ich hatte sie bei einer Weinprobe in Harvard kennengelernt; ich hatte mich völlig fremd gefühlt, und sie hatte mir die Hand gereicht und mir geholfen, mich dort wohler zu fühlen. Ich zögerte, sie unter mein Mikroskop zu legen, und verspürte eher das Bedürfnis, sie zu beschützen. Wenn ich mit Shine zu ihrer Party ging, konnte ich die beiden zumindest im Auge behalten und den Anstandswauwau spielen. Es war unwahrscheinlich, dass sie ihn in meiner Gegenwart um Koks anhauen würde.

Aber Shine rief mich im letzten Moment an und sagte mir, er werde später kommen, und wir würden uns erst dort treffen.

Ich traf gegen 23 Uhr ein. Analise hatte eine Galerie in Chelsea gemietet und mit zwei Meter hohen Spiegeln dekoriert, die an der Wand lehnten. Dazu kamen weiße Tischdecken mit einem Hauch violetter Stickereien, ein paar antike Stühle, Weingläser mit Goldschliff und Art-déco-Champagnerkelche aus den 30ern. Die Frauen waren elegant, die Männer im modischen Schnodder-Look. Alle schrien durcheinander, alle hielten ein Glas in der Hand.

In der Menge sah ich Evalina, ihr pummeliger Körper in ein kleines Schwarzes gepackt. Neben ihr stand Britanny, eine auffällig hübsche junge Frau, die mit Analise studiert hatte. Als Glamour-Wrack hatte sie unlängst beschlossen, aus ihrer Attraktivität Kapital zu schlagen und sich von reichen Männern in die bekanntesten New Yorker Restaurants ausführen zu lassen. Zumindest aß sie gut, sagte sie. Aber dieser Schritt in Richtung einer unsichtbaren Linie hatte offenbar etwas in Bewegung gebracht. Bei unserer letzten Begegnung, auf einer Party in der Upper East Side, hatte sie mich nach männlichen Wünschen ausgefragt: Mochte ich Parfüm? Unterwäsche? Welche Unterwäsche? Rollenspiele? Welche Rollenspiele? Sollte sie lernen, über Sport zu plaudern?

Bitte kein Sport, sagte ich.

Jetzt winkte sie mir mit ihrer Zigarette zu und zeigte auf eine Tür. Ich schob mich durch die Menge und traf Britanny und Evalina, die mit den Rauchern auf einem kleinen Innenhof zusammenstanden. Ein Tütchen mit Koks tauchte auf, und Britanny ließ ein paar Krümel auf ihre goldenen Schuhe fallen. »Ich bin ja so behindert«, seufzte sie.

Analise kam die Treppe herunter und stakste auf himmelhohen Absätzen auf uns zu. »Mein Gott, ich renne nur rum wie eine Irre«, sagte sie und zog eine Zigarette aus ihrem Handtäschchen.

Wortlos reichte ihr Britanny das Tütchen.

»Danke, Gott.«

Für mich war das ein peinlicher Moment. Analise machte zwar kein Geheimnis aus ihrem Drogenkonsum, aber wir hatten bislang immer so getan, als würde nichts passieren. Entweder nahm sie an, dass ich zu straight war, oder sie wollte das Thema aus unserer Beziehung heraushalten.

Analise gab Britanny das Tütchen zurück. »Sehen wir uns morgen?«, fragte sie.

»Ich kann nicht. Ich fahre nach Boston. Vergiss nicht, du musst das Hotel anrufen.«

»Verdammt, tut mir leid. Die Party hat alles andere aus meinem Gehirn gesaugt.«

Sie zündeten sich neue Zigaretten an und unterhielten sich über die Logistik irgendeines Ereignisses: Züge, Taxis, Fahrpläne. Ich musste an Shine denken. Für mich war diese Party kein gesellschaftlicher

Anlass, sondern Arbeit, oder? Wo war Shine? Kam er noch? Hatte er die Geschäfte des Abends an Evalina delegiert und mir nichts davon gesagt?

Es war durchaus denkbar, dass Shine Analise gestern Abend abgeschleppt und *ihr* die Drogen für den heutigen Abend mitgegeben hatte. Ich sah schon die Schlagzeilen:»Prof Drahtzieher eines blaublütigen Drogenrings«.

Daran wollte ich gar nicht denken.

Als ich mich wieder in das Gespräch einklinkte, hatte ich eine Menge verpasst.

»Der ist wie alt?«, fragte Britanny.

»Nicht so alt«, erwiderte Analise.

»Abendessen? Oder nur …?«

»Nein, Abendessen.«

»Ich hab diese Abendessen so satt.«

»Dann trink halt nur einen Cocktail. Das reicht doch auch.«

Worüber sprachen sie? Es klang nicht gut. Analise spürte meine Neugierde und hielt mir das Tütchen hin.»Magst du?«

»*Nein!*«, sagte ich etwas zu heftig.

Analise sah mich komisch an, und ich schüttelte nur den Kopf und wandte mich zum Gehen. Das war nicht mehr in meiner Hand. Ich konnte natürlich Shine anrufen und versuchen, ihn zu überreden, ihr keine Drogen zu verkaufen. Aber ich wusste schon, was er sagen würde.»Sie ist erwachsen.« Das war die übliche Antwort. Also verabschiedete ich mich einfach und ging. Die Nacht war bissig, der Winter lag schon in der Luft. Es gab keine Taxis. Die nächste U-Bahn-Station war 15 Minuten entfernt.

Ich lief los.

*

Schon damals war mir klar, wie heikel meine Situation war. Meine Hoffnung, ich würde hier die Begegnung zweier Welten dokumentieren können, verwehte im kalten Herbstwind. Ich musste auf andere

Weise erforschen, wie die globalisierte Stadt Beziehungen zwischen ungleichen sozialen Gruppen schmiedet. Aber am nächsten Abend, dem dritten Abend in Folge, rief Analise an. Sie sagte, sie habe ein Problem und wolle nicht nach Hause – ihr Freund habe sie geschlagen. Ob sie die Nacht in meinem Gästezimmer schlafen dürfte? Ohne zu zögern sagte ich Ja. Dann fragte ich mich, warum sie ausgerechnet mich angerufen hatte, und nicht Britanny oder eine andere Freundin.

Eine halbe Stunde später stand sie mit einer Tasche in der Tür. Sie trug kein Make-up, nicht einmal Lippenstift, und außer ein paar Armreifen keinen Schmuck. Als sie hereinkam, quatschten ihre Schuhe über das Parkett. Sie war durchnässt vom Regen und sah klein und verwundbar aus.

Wir standen ein paar Meter auseinander. Mir fiel auf, dass wir uns zum ersten Mal nicht bei einem öffentlichen sozialen Event gegenüberstanden. Auf Partys verdrückten wir uns zwar meist in eine private Ecke, um uns zu unterhalten, aber wir waren nie *allein* gewesen. Wir wussten nicht so recht, wie wir uns begrüßen sollten.

Ohne weiter nachzudenken, ging ich auf sie zu und nahm sie in den Arm. Ich spürte, dass sie die Tränen zurückdrängen musste.

»Danke«, sagte sie.

Ich schlug vor, in ein Krankenhaus zu gehen.

»Es ist okay. Er hat mich vor allem geschüttelt.«

Polizei?

»Definitiv nicht.«

Sie brauchte etwas zu trinken. Sie trank zwar sonst keinen Alkohol, aber jetzt brauchte sie einen Drink.

Das ist vielleicht keine so gute Idee, dachte ich. Aber ich sagte nichts. Ich mischte zwei Wodka Tonic und reichte ihr ein Glas. Kaum hatte sie den ersten Schluck genommen, fing sie an zu reden.

»JB hat mir Geld gestohlen! Ich habe nie gedacht, dass er dazu fähig wäre. Alles, nur das nicht.«

JB war ihre Abkürzung für »Junebug«, Junikäfer, ihr Spitzname für den reichen Blaublüter und Erben, mit dem sie seit dem Studium zusammen war. Soweit ich das beurteilen konnte, war er ein freundlicher junger Mann mit einer einzigen auffälligen Eigenschaft: Er protzte gern mit seinem dicken Geldbeutel, warf das Geld bündelweise nach Bartendern und schob dicke Scheine durch Taxifenster. Einmal mietete er eine Galerie für eine Party und klebte Hunderte von 20- und 50-Dollar-Scheinen an die Wände. Für einen Angehörigen des alten Geldadels schien mir das ein bisschen vulgär, aber ich komme aus der indischen Brahmanenkaste, und die Brahmanen finden grundsätzlich alles vulgär.

»Aber der Typ ist Millionär!«, rief ich. »Er ist Multimillionär! Wie viel hat er denn genommen?«

»30 000. Diesmal. Ich glaube, er hat mir schon Tausende geklaut. Aber ich weiß es nicht.«

Sie hatte das Geld in ihrer Wohnung aufgehoben und es erst jetzt bemerkt. Als sie ihn darauf ansprach, sagte er, sie sei bescheuert, so viel Geld herumliegen zu lassen. Deswegen habe er es für sie angelegt.

Mir schossen sofort ein paar Fragen durch den Kopf:

a) Wo kam das ganze Geld her?

b) Warum hatte sie es nicht auf die Bank gebracht?

c) Warum hatte sie es nicht gezählt?

d) Wo war das Geld jetzt?

Ich traute mich nicht, sie zu fragen. Der Wodka schien mir plötzlich eine sehr gute Idee.

Sechs Monate zuvor hatte mir Analise gestanden, dass ihre Eltern verärgert waren, weil sie sich weigerte, zu heiraten und sich einem Leben der Eleganz und Wohltätigkeit zu widmen. Sie reiste lieber nach Indien und beschäftigte sich mit Kunst. Sie hatte ihren Eltern sogar gesagt, dass sie darüber nachdachte, ein eigenes Unternehmen zu gründen, und das war etwas, das ganz entschieden nicht den gesellschaftlichen Erwartungen an eine vermögende junge Frau entspricht. Die Eltern hatten damit gedroht, sie zu enterben. Nach dem dritten

Wodka eröffnete sie mir, was sie an einer möglichen Enterbung am meisten schreckte: Sie fürchtete, es könnte ihre Beziehung zu JB zerstören. Oder wie sie es ausdrückte:»Wer will schon ein armes Stück Scheiße heiraten?«

Es schien mir schwer vorstellbar, dass sie nach einer Enterbung automatisch unverheiratbar wäre. Aber je heftiger sie weinte, umso mehr zweifelte ich, ob ich das mit meinen Kriterien beurteilen konnte.

Ich wagte eine technische Frage:»Welche Investition?«

»Er sagt, er muss sich um ein paar neue Projekte kümmern.«

Das war JBs Schwäche. Er sah sich als Talentscout und lief frischgebackenen Regisseuren der New York University hinterher, um ihnen zu versprechen, er werde ihre genialen Filmideen finanzieren. Sie verbrachten Wochen damit, Pläne für Besetzung, Team und Produktion aufzustellen, doch leider reichte das Geld aus seinem Treuhandfonds nie aus. Als sich seine Eltern weigerten, die fehlende Summe zuzuschießen, heckte JB mit dem Chauffeur der Familie einen Plan aus, um einen Unfall vorzutäuschen und die Versicherungssumme zu kassieren. Und als das schiefging, bediente er sich bei Analise.

Als Analise mir diese Geschichte erzählte, musste ich unweigerlich denken, dass der Millionenerbe JB nichts anderes war als ein Schieber aus dem Untergrund, einer wie die westafrikanischen Hotelangestellten, die Touristen illegale Vergnügungen vermitteln oder die lateinamerikanischen Prostituierten an den Straßenecken von Manhattan. Sein gesamtes Filmprojekt war eine einzige Gaunerei, finanziert mit Geldern, die er mit zweifelhaften Methoden aus seinem Treuhandfonds abgezweigt hatte.

Wäre es nicht witzig, in einer Untersuchung die Filmgeschäfte von JB und die Drogendeals von Shine zu vergleichen? Ich erinnerte mich an ein Gespräch, das ich zu Beginn meiner akademischen Laufbahn mit einem Professor der University of Chicago geführt hatte.»Ich will die Vorstädte erforschen«, hatte ich gesagt. Er hatte mich angesehen wie einen Marsmenschen.»Die weiße Mittelschicht. Was gibt's da schon zu entdecken?«

Aber Analise fand das alles nicht zum Lachen. »Ich habe von Anfang an gewusst, dass er mich ausnutzt«, sagte sie. »Aber ich habe immer gedacht, dass er irgendwann damit rausrückt. Dass er aufschlägt und verspricht, mir das Geld zurückzuzahlen. Aber er hat einfach immer weiter geschnupft, getrunken und gestritten.«

Ich sagte, dass es mir leidtue, und merkte, dass das nicht nur eine Floskel war.

»Jetzt bin ich allein«, sagte sie.

Sie griff nach den Taschentüchern auf dem Tisch. »Sudhir, ich muss dir was sagen. In dieser Sache vertraue ich niemandem …«

Ich spürte ein Kribbeln im Hals. Analise wollte beichten. Sie wollte, dass ich sie so sah, wie sie war, und ihre verborgenen Qualitäten kennenlernte. Ich war schon so oft an diesem Punkt gewesen. Meine Arbeit besteht vor allem darin, auf genau diesen Moment zu warten. Vertrauen ist ein wunderbares Geschenk. Ich musste nichts anderes tun, als ihre Botschaft in derselben ruhigen, objektiven, professionellen Art entgegenzunehmen wie immer. Aber auch nachdem ich anderthalb Jahrzehnte lang der Unterwelt von Chicago und New York City zugehört hatte, bereiteten mir diese Bekenntnisse noch immer Unbehagen. Diesmal war es noch schwieriger. Ich war einfach nicht darauf vorbereitet, die Geständnisse einer erfolgreichen Frau zu hören, einer Frau, die es nicht nötig hatte, den Schritt in die Unterwelt zu tun – einer Frau, die ich persönlich kannte.

Sie schien mein Unbehagen nicht zu bemerken. »Er hat von vielen Leuten Geld genommen«, fuhr sie fort. »Ich wünschte, es wäre nur meins gewesen, aber es war auch das Geld von anderen.«

Ich taumelte in eine andere Richtung. Das Geld von anderen? Das beantwortete Frage a), aber es warf weitere auf:

e) Welche anderen?

f) Warum hatte sie das Geld dieser Leute?

g) Was würden diese Leute tun, wenn sie dahinterkamen, dass ihr Geld weg war?

Ich fürchtete, dass noch ein paar Buchstaben folgen würden.

Analise zog den Kopf ein und wirkte einen Moment lang verschüchtert. »Erinnerst du dich an das, was ich dir über Britanny erzählt habe?« Ich nahm an, sie meinte die Abendessen mit reichen Männern. Oder vielleicht irgendwas mit Drogen. Das kam mir stimmiger vor. Es fiel mir schwer, mir Britanny als Kurtisane vorzustellen.

»Natürlich«, erwiderte ich. »Ich hoffe, sie hat mehr Erfolg – oder vielleicht auch nicht.«

»Hm. Ich glaube, ich hätte dir mehr von ihr erzählen sollen.«

»Wie gesagt, du musst nicht …«

»Ich manage sie.«

Schweigend spielte ich die verschiedenen möglichen Bedeutungen des Wortes »managen« durch. Ich erinnerte mich an das Gespräch über Boston und daran, wie Britanny gesagt hatte, dass sie die Abendessen satthabe. Dann fiel mir die Antwort von Analise wieder ein.

»Und ein paar andere Mädels«, fügte Analise hinzu.

»Wow. Okay.« Ich verspürte den dringenden Wunsch, aufzustehen und zu gehen, bis ich mich daran erinnerte, dass ich ja in meiner Wohnung war. »Toll.«

In dem Versuch, möglichst locker zu klingen, schrie ich das Wort fast.

»Scheiße, toll«, antwortete Analise. »Behandele mich bitte nicht wie eine Idiotin.«

»Na ja, also, ich meine natürlich nicht *toll*, nur, toll für dich, wenn du …«

Sie unterbrach mein hilfloses Gestammel. »Ich verdiene gutes Geld. Und dieses Geld hat mir JB geklaut. Und ich bewahre ein bisschen Geld von den Mädels bei mir auf, weil es bei ihnen zu Hause nicht sicher ist. Das hat JB auch geklaut.«

Damit war der Damm gebrochen, und sie erzählte weiter. Sie hatte nicht aus Planung oder Ehrgeiz angefangen, Britanny und die anderen zu »managen«, erklärte sie. Die Mädels waren nur so furchtbar unfähig. Britanny hatte angeboten, die Hotelzimmer zu bezahlen – im St. Regis! Ihre Freundinnen waren sogar noch schlimmer. Sie zahlten für Limousinen und Abendessen und brachten sogar noch Koks mit. Die Männer nutzten sie schamlos aus. Innerhalb kürzester Zeit hatte Analise ihre Einnahmen verdoppelt. Wie immer war es einfach eine Frage der Organisation und Planung, nichts Außerirdisches. Aber der Erfolg bescherte ihr neue Klientinnen, und eines Tages stellte Analise fest, dass sie das Unternehmen hatte, von dem sie geträumt hatte. Und kein kleines. »Ich habe halt ein Händchen dafür«, sagte sie schulterzuckend.

Ich wusste nicht, was ich sagen sollte. Ich stand unter Schock.

»Ich habe das Gefühl, dass ich den Mädels helfe«, fügte sie hinzu.

Diese Worte hatte ich schon oft gehört. Viele Kriminelle versuchen, ihre Handlungen in ein positives Licht zu rücken. Prostituierte bezeichnen sich gern als »Therapeutinnen«, die psychologische Dienstleistungen anbieten. Drogenhändler behaupten, sie nähmen das Geld von den schlechten Elementen der Gesellschaft. Auch wenn ich durch meinen beruflichen Hintergrund und meine persönliche Art nicht zu Urteilen neige, war ich erschrocken, exakt dieselbe Rechtfertigung von Analise zu hören. Unwillkürlich platzte ich heraus: »Das sagen alle.«

Sie schien erstaunt, dass ich so direkt dagegenhielt. Sie dachte einen Moment lang nach, dann zuckte sie mit den Schultern. »Und ich mag den Kitzel«, gab sie zu.

Dann spürte ich, wie sich meine professionelle Seite regte. Wenn wir uns weiter unterhalten wollten, dann sollte sie mich ein wenig ernster nehmen. »Du weißt, dass ich dieses Zeug erforsche«, begann ich in meiner professoralsten Stimme. »Ich verurteile niemanden.«

Sie nickte.

»Aber du bist eine …«

Ich wollte nicht Kupplerin oder Zuhälterin sagen und machte eine Denkpause.

»Eine Brokerin. Das ist etwas anderes.«

»Du sagst das Wort ›anderes‹, als würdest du es verurteilen. Aber du hast gerade gesagt, du würdest mich nicht verurteilen.«

»Vielleicht hätte ich ›gefährlicher‹ sagen sollen. Ich glaube, du weißt nicht, worauf du dich einlässt, oder wie verwundbar du dich machst.« Natürlich steckte hinter meinem Stocken und Stottern ein Urteil. Meistens hörte ich mir den Wahnsinn einfach an, den mir die Leute aus ihrem Leben erzählten. Aber ich wusste, dass in dieser Welt schreckliche Dinge passieren. Wieder und wieder hatte ich gesehen, wie im Grunde genommen gute Menschen für Geld, Ansehen und Ehre schreckliche Dinge taten. Dazu kam, dass unsere Beziehung eine andere war. Analise war vielleicht keine wirkliche Freundin, aber sie war auch kein Forschungsobjekt. Sollte ich mein Notizbuch zücken oder intervenieren? Ich wusste es nicht.

»Ich tue etwas ganz anderes als Britanny«, sagte sie. »Wenn ich das tun würde, vergiss es. Meine Freunde, mein Ruf, meine ganze Welt, das wäre alles hin. Aber das ist was anderes. Ich bin doch nur die Managerin.«

Welcher psychische Mechanismus brachte intelligente Menschen dazu, sich für unsichtbare und unbezwingbare Superhelden zu halten? Ich war fasziniert und sauer zugleich. »Diese ganze Welt ist gefährlich! Glaubst du im Ernst, du kannst das geheimhalten? Glaubst du, Britanny erzählt das nicht weiter?«

Sie dachte kurz nach, dann zuckte sie lahm die Achseln. »Vielleicht. Aber ich werde alles abstreiten.«

Stolperte sie tatsächlich derart naiv in diese Sache hinein? Wollte ich mir diese albernen Rationalisierungen wirklich weiter anhören? Oder sollte ich der gute Freund sein, der sie wachrüttelt? Ich wusste schließlich das eine oder andere über diese Welt. Ich kannte ihre Fallen und Tragödien besser, als mir lieb sein konnte. Ich konnte ihr zumindest eine Vorstellung davon vermitteln, worauf sie sich eingelassen hatte.

»Weißt du, wovor die ›Broker‹ am meisten Angst haben? Es ist nicht die Polizei.«

Sie zuckte wieder mit den Schultern.

»Ihr Image. Die Vorstellung, dass sie Drogen und Gewalt benutzen, um die verwirrten jungen Mädchen zu kontrollieren, die vermutlich von ihrem Vater oder einem Onkel sexuell missbraucht wurden. Deswegen ist es auch okay, wenn sie ein paar Jahre in den Knast kommen. Du hast doch gestern Abend mit Britanny gekokst, oder? Stell dir vor, welchen Eindruck das auf die Geschworenen macht.«

»Aber das ist doch verrückt!«, schrie Analise und warf sich so heftig in das Sofa, dass sie ihren Wodka verschüttete. »Du hast Britanny doch gesehen! Es ist doch nicht so, als müsste ich ihr Koks aufzwingen, um sie gefügig zu machen!«

»Ich glaube nicht, dass ›ich muss ihr Koks nicht aufzwingen‹ vor Gericht eine gute Verteidigungsstrategie ist«, erwiderte ich.

Ich war nun ganz Soziologe und verspürte das Bedürfnis, Analises Aktivitäten nüchtern zu analysieren.

»Wie viele Frauen managst du?«

Meine Stimme klang so, als hätte ich einen Fragebogen vor mir. Analise machte große Augen. Sie hatte keine konkreten Fragen erwartet. Aber ich habe die Erfahrung gemacht, dass konkrete und detaillierte Fragen entspannend wirken, weil sie den Bekenntnissen einen wissenschaftlichen Rahmen geben.

»Fünf«, antwortete sie. »Manchmal sind es sechs oder sieben. Aber fünf regelmäßig.«

»Okay, fünf«, sagte ich. Ich erinnerte mich an die anderen Leute in ihrem Geschäft zurück, die ich in den letzten Jahren in Tabellen und Grafiken eingetragen hatte, und überschlug im Kopf ein paar Zahlen. »Das heißt, du nimmst pro Woche etwa 5000 Dollar ein. Mindestens. Wenn wir fünf Wochen für Urlaub abziehen, kommst du im Jahr auf gut 100 000 Dollar. Und das Geld wäschst du über Max, richtig?«

Max war der Anwalt der Familie. Ich kannte ihn über die Stiftung. In ihrem Gesicht sah ich, dass ich einen Volltreffer gelandet hatte.

»Das heißt, du hinterziehst Steuern, wäschst Geld und kassierst eine sechsstellige Summe. Und du willst behaupten, dass du nie eine deiner fünf Angestellten gedrängt hast, ein bisschen mehr zu arbeiten oder weiterzumachen? Wie hast du gestern zu Britanny gesagt? Trink doch einfach nur einen Cocktail?«

»Das klingt fies«, sagte Analise.

»Tut mir leid. Aber du bist Brokerin. Und genau das tun Broker.«

»Das ist wirklich verletzend, Sudhir.«

»Denk mal nach, Analise. Hast du dich je mit einem der Mädels unterhalten, weil sie aussteigen will? Für dich wären das 20 000 Dollar weniger im Jahr. Bist du sicher, dass du nicht versuchen würdest, sie zu überreden, noch ein bisschen durchzuhalten? ›Nur dieses eine Mal noch‹? Und was ist, wenn JB sagt, dass er dich verlässt, wenn du ihm kein Geld gibst, um dieses tolle Skript zu finanzieren, das er entdeckt hat?«

Der Wodka machte mich kämpferisch. Sie zog den Kopf ein.

»Ich weiß, wovon ich rede, Analise. Eines Nachts passiert was in einem beschissenen Hotel, und ein Mädel kommt heulend zu dir, und du redest ihr gut zu. Du beruhigst sie. Dann rufst du vielleicht den Typ an und beruhigst den auch noch, weil du nicht willst, dass er dir gefährlich wird, und weil du doch die perfekte Brokerin-Managerin-Psychologin bist, die an alles denkt und alles im Griff hat. Und du fühlst dich super! Du hast es geschafft! Die Mädels brauchen dich, und du kriegst alles für sie geregelt. Und sie bezahlen dich! Und vielleicht legt der Kunde ja noch was drauf, damit nichts an die Presse kommt, weil, na ja … So gut bist du!«

Analise weinte. Als ich es bemerkte, fühlte ich mich mies. Die Arme war gerade von ihrem Freund verprügelt worden, und jetzt schlug ich auch noch auf sie ein. »Tut mir leid«, sagte ich. »Das war nicht nötig.«

»Du hast recht«, schluchzte sie. »Ich bin eine Zuhälterin.«

»Nein! Ich übertreibe. Das hat mich etwas auf dem falschen Fuß erwischt.«

»Aber mir macht die Arbeit Spaß«, seufzte sie. »Es macht mir Spaß, den Mädels zu helfen. Und ich helfe ihnen doch auch.«

Plötzlich sah sie auf und lachte. »Okay, nein, ich bin keine Mutter Teresa. Ich mag den Kitzel. Echt. Verbrechen macht Spaß.«

Vermutlich hatte Analise recht, und sie half den Mädels tatsächlich. In der hoch bezahlten Welt der New Yorker Prostitution waren die meisten »Broker« ehemalige Prostituierte, die aus dem Geschäft »herausgewachsen« waren und nun andere Frauen managten. Alle, die ich kennengelernt hatte, waren weiß und einigermaßen gebildet. Sie übernahmen verschiedene Rollen, mal waren sie Vertraute, mal öffneten sie Türen. Die besten halfen den Frauen mit Ärzten, Anwälten und Banken, das heißt, sie wuschen das Geld und richteten legale Bankkonten ein. Natürlich nicht umsonst. Sie boten Rat in Schwierigkeiten und holten die Frauen mit einem Anruf bei einem befreundeten Polizisten aus dem Knast. Einige halfen den Frauen sogar, aus dem Gewerbe auszusteigen, zu heiraten und sich zur Ruhe zu setzen. Natürlich hätte ich Analise auch diese romantische Schwesternschaft beschreiben können, aber ich wollte ihr vor allem die dunkle Seite vor Augen führen.

Aber jetzt war es gut. Ich schlug vor, dass wir uns schlafen legten. Schüchtern sah sie zu mir auf. »Kannst du mir mehr davon erzählen? Vielleicht nicht heute, aber irgendwann. Es tut mir gut, drüber zu reden. Und sonst versteht mich ja niemand.«

Wieder fühlte ich mich komisch. Natürlich gehört es zu meinem Beruf, mir intime Geständnisse anzuhören. Ich habe ein Leben lang gelernt, Vertrauen zu schaffen. Aber irgendetwas war anders an diesem Abend. In meinen Vorlesungen und Aufsätzen wiederholte ich mit breiter Brust eine Aussage, die mir plötzlich völlig verlogen erschien: *Die Armen leben in derselben Welt wie Sie und ich, und die Aufgabe des Soziologen besteht darin, diese Beziehungen sichtbar zu machen.* Analise zeigte mir eine unangenehme Wahrheit auf. Im wirklichen Leben ist es einfacher, Menschen aus einer wirtschaftlich und bildungsmäßig niedrigeren Schicht zu untersuchen. So ungern ich mir das eingestand und so schmerzhaft es war, das war die Wahrheit. Ich hatte gelernt, Menschen in Schubladen zu stecken und klar zwischen Drogendealern und Prostituierten einerseits und reichen Erben und Partylöwen andererseits zu unterscheiden. Die gesamte Soziologie geht davon aus, dass jeder in seiner eigenen kleinen Welt und Ökonomie lebt, die sich untersuchen und in Grafiken darstellen lässt; um gesellschaftliche Rollen zu untersuchen, sucht man sich also am besten Leute aus, die bleiben, wo sie sind.

Auch mein Hintergrund erwies sich als Hindernis. Ob ich das wollte oder nicht, als »Chicago-Soziologe« hatte ich die Vorstellung verinnerlicht, dass das urbane Leben überall so aussah wie in der windigen Stadt: Menschen blieben in ihren Vierteln, Schwarze lebten mit Schwarzen zusammen, Weiße mit Weißen, die Armen waren fein säuberlich getrennt von den Reichen, die Kinder wie ihre Eltern, und diese Muster wurden von einer Generation an die nächste weitergereicht. Dieses Umfeld war wie maßgeschneidert für Soziologen. Als angehender Ethnograf musste man nur lange genug irgendwo abhängen, und die Einheimischen würden einen schon an ihrem Leben teilhaben lassen. Seit unserer ersten Begegnung hatte Shine mir geraten, ins Auto zu steigen und durch die Stadt zu fahren, um einen Eindruck von der Größe und der Vielfalt der Menschen und Viertel zu bekommen, aber ich hatte das als typischen Rat für Touristen abgetan. Obwohl ich sehr daran interessiert war, in New York anzukommen und vorsichtige Schritte in die Vielfalt der urbanen Welten zu unternehmen, war ich niemand, der breit und oberflächlich arbeitete. Ich hatte den Anspruch, einzutauchen: den richtigen Ort zu finden, dort abzuhängen, die Leute kennenzulernen und immer wieder dahin zurückzugehen. Aber Shine drängte mich. »Du musst dich bewegen, verstehst du? Ich sag's dir immer wieder, aber du hörst mir nicht zu.« Plötzlich wurde mir klar, dass Analise und Shine mir dieselbe Lektion vermittelten – genau wie viele andere New Yorker, die ich kennengelernt und untersucht hatte. Sie alle wiesen weg von der Vorstellung des statischen, gleichförmigen Lebens hin zu Themen wie Bewegung und Veränderung. Sie zogen keine Grenzen, sie überschritten sie. Sie suchten nicht nach Orten, an denen sie sich mit ihrer Arbeit verankern konnten, sondern sie lichteten ständig Anker und segelten dahin, wo sich neue Gelegenheiten boten. Ich stand vor einer ähnlichen Herausforderung. New York war anders und erforderte eine neue Soziologie. Die Stadt verlangte Konzepte, die über das Viertel hinausgingen, und eine neue

Form des Eintauchens, das nicht an Orte gebunden war. Diese Leute waren ständig in Bewegung. Das war ihr eigentliches Merkmal, und ihre Gemeinschaft war die Summe aller ihrer Beziehungen – die vielen sozialen Bande, die sie auf ihren gewundenen Wegen durch die Stadt knüpften. Daher musste ich mich von dem Gedanken verabschieden, dass geografische Räume bei der urbanen Sozialisierung die wichtigste Einheit waren. Aber was bedeutete es, Gemeinschaften als Netzwerke aufzufassen? Vor allem im Untergrund, definitionsgemäß einem gefährlichen Ort, an dem die Muster des Lebens zerbrechlich und flüchtig sind? Und die New Yorker bewegten sich nicht nur kreuz und quer im Raum, sondern durch Schichten und Milieus. Um dies zu beschreiben, musste man vielleicht auch andere bewährte soziologische Regeln über Bord werfen, zum Beispiel Sätze wie »Herkunft bestimmt Identität« oder »Bildung ist die wichtigste Erfolgsvoraussetzung«. Mit diesen Binsenweisheiten ließ sich nicht erklären, warum ein Drogendealer Vernissagen besuchte oder warum sich die Tochter eines reichen Bankiers nebenher als Zuhälterin betätigte. Was ich da sah, war Unternehmertum im wahrsten und umfassendsten Sinne: die Bereitschaft, für Geld und persönliche Veränderung Risiken einzugehen. Da die Ökonomie der New Yorker Unterwelt den Menschen die Möglichkeit gab, sich über Grenzen hinweg neu zu erfinden, und da Zufallsbegegnungen über Grenzen hinweg mehr Geld und mehr Ansehen für Leute wie Shine oder Analise bedeuten konnten, benötigte ich eine Soziologie, die nicht auf Milieus basierte, sondern auf Netzwerken, die der Anthropologe Clifford Geertz als »selbst gesponnene Bedeutungsgewebe« bezeichnet. Bei den verborgenen Aufsteigern der Unterweltwirtschaft konnte ich eine Form der sozialen Mobilität beobachten, die wenig mit Hochschulabschlüssen oder Shakehands in Verwaltungsratssitzungen zu tun hatte. Und obwohl es in der Untergrundökonomie New Yorks wie schon seit ewigen Zeiten um Geld und Erfolg geht, vermittelt sie auch einen Eindruck dessen, wohin sich die Stadt im 21. Jahrhundert entwickeln wird: eine globale und immer schnellere

Stadt, deren Bewohner sich konstant über vertraute gesellschaftliche Territorien und Stammesgrenzen hinweg bewegen und dabei neue Muster hervorbringen. Hier wird Zukunft gemacht, und ich war dabei, um es zu dokumentieren.

Meine Begeisterung wuchs.

Gleichzeitig spürte ich ein leises Unbehagen. Keine dieser Überlegungen ließ sich mit Zahlen absichern oder in Tabellen fassen. Dass ich auf der richtigen Spur war, fühlte ich eher in der Art, wie sich mein Puls beschleunigte, wenn mir zum Beispiel Analise von ihrem neuen Unternehmen erzählte. Ich hatte keinen wissenschaftlichen Rahmen und hätte meinen Kollegen nicht erklären können, was ich tat. Ich hatte nichts von dem getan, was man als guter Wissenschaftler als Allererstes tut: eine Untersuchung entwickeln, skeptisch bleiben, neue Daten erheben und sie so lange hinterfragen, bis sich eine neue Version der Wahrheit abzeichnet. Mein Gefühl allein warf schon Grundsatzfragen über meine Arbeitsweise und den Zweck des Ganzen auf. Auf einmal war ich gezwungen, den wissenschaftlichen Rahmen infrage zu stellen, der mich mein ganzes akademisches Leben hindurch begleitet hatte. Ich musste die Grenzen hinterfragen, die ich um mich herum gezogen hatte. Ich konnte nicht still sitzen und beobachten, ich musste mich bewegen und dem Strom der Ereignisse folgen.

*

Elend und angetrunken saß Analise auf dem Bett des Gästezimmers – ein hübsches, verlorenes Mädchen, das sich auf unerfindliche Weise in eine enthusiastische Kriminelle verwandelt hatte. Ich ging zurück zum Wohnzimmer und blieb in der Tür stehen. Die Wodkagläser standen noch auf dem Tisch. Ich war auch ein bisschen angeheitert. Ein seltsames Gefühl stieg in mir auf: die Angst, anker- und richtungslos zu treiben. Ich hatte keine Ahnung, was ich jetzt tun sollte.

Dieser beunruhigende Zweifel war der Blitz, der mich mit einem Mal ein Muster im Chaos der letzten fünf Jahre erkennen ließ. Fünf Jahre mit Prostituierten, Drogenhändlern, Puffmüttern, Freiern, Pornodealern und Polizisten schienen plötzlich einen Sinn zu ergeben, oder zumindest sah ich die Möglichkeit. Die ersten Seiten dieses Buchs hatten sich gerade selbst geschrieben, und nun musste ich nur noch lernen, sie zu lesen – diese und meine eigene Geschichte zu verstehen.

Aus dem Amerikanischen von Jürgen Neubauer.

Das Originalbuch *Floating City. Hustlers, Strivers, Dealers, Call Girls and Other Lives in Illicit New York* wird in deutscher Übersetzung im Frühjahr 2015 im Murmann Verlag erscheinen.

Georg von Wallwitz
Der große Schwund
Warum das Loslassen nützlich ist

In den Wochen nach dem Sturm auf die Bastille am 14. Juli 1789 kam es in großen Teilen Frankreichs zu Gewaltexzessen. In der Normandie, im Elsass, im Tal der Saône und in der Freigrafschaft Burgund wurden Schlösser und Abteien angegriffen, geplündert und niedergebrannt. Mit dem Aufstand gegen die alte Ordnung verbreitete sich aber auch eine große Furcht vor Bürgerkrieg und Chaos, vor einem militärischen Eingreifen des *Ancien Régime* und des mit ihm verbündeten Auslands. Es gab Gerüchte, wonach der Graf von Artrois mit 16 000 Mann ins Limousin marschiere. Im Osten hatte man Angst vor den Deutschen, in der Dauphiné vor den Savoyern und in der Bretagne vor den Engländern. Die Propaganda aus den Städten fiel bei den Bauern auf einen fruchtbaren Boden und regte die Fantasie der einfachen Gemüter an. Von Dorf zu Dorf wurden die Gerüchte greller und größer, bis sie Panik auslösten und als Rechtfertigung für Bewaffnung und Gewalt dienten. Die Französische Revolution drohte in blutige Trivialität abzugleiten und denselben Weg zu nehmen wie frühere *jacqueries* (Bauernaufstände). Es musste etwas geschehen, sollte der Geist der Revolution gerettet werden.

Geburt einer neuen Gesellschaftsordnung

In der Nacht vom 3. auf den 4. August 1789 trafen sich in den Räumlichkeiten des Bretonischen Klubs – Vorläufer der Jakobinerklubs – im Café Amauray in Versailles etwa 100 Abgeordnete der Nationalversammlung, um ein Bündel von Notmaßnahmen zu besprechen. Die Notwendigkeit von Reformen und ihre Richtung waren unstrittig. Schon am nächsten Abend gab es einen Konsens, dem der Vicomte de Noailles, Sohn einer verarmten Familie, und der Duc d'Aiguillon, einer der reichsten Landbesitzer des Landes, der noch viel zu verlieren hatte, Ausdruck gaben. Mit großer Begeisterung erklärten sie die Abschaffung der Lehns- und Frondienste und aller anderen feudalen und kirchlichen Vorrechte. Die Versammlung war sich des historischen Moments bewusst: Sie war Motor, Zeuge und Vollstrecker der Abschaffung des Feudalismus und der Geburt einer neuen Gesellschaftsordnung. Der Geist der Französischen Revolution wehte vielleicht nie stärker als an jenem 4. August 1789. Bald drängten sich immer neue Abgeordnete ans Rednerpult, um entweder unter allgemeinem Applaus ihren Verzicht auf alte Privilegien zu erklären oder um die alte Ordnung mit weiteren Reformen noch tiefer zu begraben. Abgeschafft wurde der Ämterkauf, eingeführt wurden die Gleichheit vor dem Gesetz und die Gleichheit des Zugangs zu Ämtern. Um drei Uhr früh am 5. August war es vollbracht, ein neues Zeitalter war geboren, und die Versammlung verabschiedete sich ins Bett mit der etwas unpassenden Proklamation von König Ludwig XVI. zum *restaurateur de la liberté française*.

Die Debatte um die Details der Abschlusserklärung zog sich noch bis zum 11. August hin, änderte aber nichts mehr am grundsätzlich neuen Gesellschaftsbild. Es verschwand in diesen Tagen die von wechselseitig eingeräumten Privilegien getragene korporatistische Gesellschaftsform. Es gerieten mit der verhassten Aristokratie auch alle anderen auf das Einzelinteresse gerichteten Zusammenschlüsse in Verruf, und es war eine logische Konsequenz, dass zwei Jahre später Gewerkschaften und Arbeitgeberverbände ebenfalls verboten wurden. Verwirklicht wurde das Ideal, welches der Abbé Sieyès in *Qu'est-ce que le Tiers-État?* formuliert hatte: Die Menschen sind frei und gleich, und nichts darf zwischen ihre Privatsphäre und die staatliche Sphäre treten. Der Tendenz des Menschen, sich mit anderen zusammenzuschließen, um Partikularinteressen zu verfolgen, musste mit aller Härte begegnet werden. Für sie gab es auf Kosten der Allgemeinheit keinen Platz mehr in der neuen Ordnung.

Nur seiner Freiheit verpflichtet

Was aber bedeutet dies für das menschliche Band, welches eine jede Gesellschaft zusammenhält? Wenn es nur noch radikale Individuen und den Staat (als Ausdruck des Gemeinwillens der Individuen) gibt, was steht dann noch zwischen uns und dem Zusammenbruch der gesellschaftlichen Solidarität? Wenn der Mensch nur seiner Freiheit und seiner Vernunft verpflichtet ist, wenn er sich ganz aus dem Korsett der gesellschaftlichen Zwänge und der christlichen Metaphysik gelöst hat, was soll ihn dann zu Akten der Nächstenliebe und der Brüderlichkeit bringen? Kann es funktionieren, dass eine Gesellschaft sich nach theoretischen Prinzipien ausrichtet? Oder muss sich nicht vielmehr die Gesetzgebung an den historisch gewachsenen Zuständen orientieren? Konservative Kritiker der Revolution wie der irisch-britische Schriftsteller und Politiker Edmund Burke haben nicht lange gebraucht, um zu bemerken, dass an dieser Stelle die Theorie über die Praxis triumphiert hatte. So fanden sich in der *Erklärung der Menschen- und Bürgerrechte*, welche die französische Nationalversammlung am 26. August 1789 verabschiedete und vom König unterschreiben ließ, Freiheit und Gleichheit als die Schlüsselprinzipien des Staates. Die Brüderlichkeit als drittes, ausbalancierendes Prinzip schaffte es erst ein knappes Jahr später in diesen Kreis, misstrauisch beäugt von einem Bürgertum, das auf seine neu verbürgten Eigentumsrechte von der ersten Sekunde an eifersüchtig achtete. So drohten dessen Vertreter in jenem schicksalsträchtigen August 1789 damit, die Erklärung scheitern zu lassen, wenn nicht auch das Eigentum als unveräußerliches Recht darin aufgenommen werde. Anders als große Teile der Landbevölkerung sahen die aufgeklärten Bürger die Revolution keineswegs als Mittel der Umverteilung und pochten vielmehr auf die Wahrung der Besitzstände. Noch Anfang August stimmten sie dafür, dass der Adel für den Verlust seiner Privilegien entschädigt werden sollte – blanke Enteignung erschien ihnen als ein unguter Präzedenzfall. Vor allem aber bestanden sie bis zum Schluss darauf, dass die Anleihen des untergehenden Königreichs voll bedient würden – die Gläubiger stammten meist aus dem Bürgertum – und dass im Falle leerer Staatskassen eher die Kirchengüter geplündert als Zahlungsversprechen gebrochen werden sollten.

Zermalmt die Niederträchtigen

Die Brüderlichkeit ist als praktisches Korrektiv in den Dreiklang der guten revolutionären Vorsätze gekommen, um in einer Gesellschaft radikal freier und gleicher Individuen für eine Wärme und Menschlichkeit zu sorgen, ohne die auch der strengste Revolutionär sich unwohl zu fühlen scheint. Aber der Begriff fremdelt in dieser Reihe. Freiheit und Gleichheit sind philosophisch wohlfundierte Begriffe, sie haben eine lange Tradition in der Aufklärung. Voltaire, ihr vielleicht wichtigster Protagonist, sah die Aufgabe der Aufklärung weniger darin, die Menschen brüderlich oder besser zu machen (den Versuch hielt er für reichlich naiv), sondern sie vom Joch des Katholizismus und des mit ihm einhergehenden Aberglaubens zu befreien. Er machte *écrasez l'infâme* zum Schlachtruf der Aufklärung, wobei er unter den *Niederträchtigen* die römische Kirche verstand. Auf diesen Gedanken war er bereits als Internatsschüler in einem Jesuitenkolleg gekommen und hatte ihn als ehrgeiziger junger Dichter immer weiter gesponnen und verfestigt. Die Metaphysik der Nächstenliebe war in seinen Augen ein Mittel der Sicherung von Privilegien, kein Band, um die Gesellschaft zusammenzuhalten.

Einen praktischen Ersatz für Nächstenliebe und ihre säkularisierte Form, die Brüderlichkeit, fand er in England, wohin er 1726 ins Exil geschickt wurde. Zunächst erschien ihm die Entfernung von Paris wie eine schwere Strafe, aber bald entdeckte er ein Land, das von völlig anderen Ideen inspiriert war als seine Heimat. Er lernte die Dramen des damals in Frankreich weitgehend unbekannten William Shakespeare schätzen, beschäftigte sich mit der Philosophie und der Staatslehre John Lockes und studierte Isaac Newtons Mechanik. Vielleicht am stärksten beeindruckten ihn aber die Kaufleute Englands. Dieser von der französischen Elite aus tiefem Herzen verachtete Stand sorgte nicht nur für erheblichen Wohlstand, sondern er war auch das Rückgrat der politischen und militärischen Macht Englands.

In seinen *Lettres philosophiques*, die er im Exil verfasste, hielt Voltaire seinen Landsleuten vor Augen, wie weit England, das damals am Beginn der industriellen Revolution stand, das geistig nach wie vor barocke Frankreich überflügelt hatte. Die Macht der englischen Könige mochte durch die Verfassung formal geringer sein als die der verknöcherten französischen Monarchie. Aber tatsächlich standen ihre Soldaten in fast allen Winkeln der Welt. Die Engländer verfügten über Schiffe auf allen Weltmeeren, sie trieben Handel mit den unterschiedlichsten Kulturen und Völkern – und blieben dabei im Inneren weitgehend friedlich. Sie hatten ein gewisses Maß an religiöser Toleranz gefunden und ein Parlament etabliert, in dem der politische Ausgleich stattfand zwischen König, Grundbesitzern und Kaufleuten. Darüber hinaus blühte in Großbritannien eine freie Wirtschaft, und Handel, Industrie und Finanzwesen schadeten dem Land offensichtlich nicht. Voltaire entdeckte eine Gesellschaft, die sich einigermaßen frei entwickelte, ohne die erdrückende Macht von Kirche und König, die mit ihren neuen Gedanken und Techniken kein glänzend hohes Zentrum wie Versailles, sondern allgemeinen Wohlstand geschaffen hatte. Zum gelobten Land fehlte allenfalls, dass man dort noch französisch gesprochen hätte.

Erst Selbstliebe, dann Nächstenliebe

Voltaire sah in England bereits am Werk, was von Adam Smith später als das Werk einer *unsichtbaren Hand* popularisiert wurde. Die Kaufleute mochten ihr eigenes Interesse im Auge haben und sich wenig um das Wohl ihrer Mitmenschen kümmern, aber dennoch erreichten sie, ungewollt, dass es allen besser ging. Und so schrieb Voltaire in seinen *Lettres philosophiques*: »Es ist außerdem unmöglich, dass eine Gesellschaft sich bilden und erhalten kann ohne Eigenliebe, so wie es unmöglich ist, Kinder zu zeugen ohne fleischliche Lust oder sich zu ernähren ohne Hunger. Es ist die Liebe zu uns selbst, die uns zur Nächstenliebe verhilft; das ist das Fundament allen Umgangs; das ist das ewige Band zwischen den Menschen. Ohne sie wäre keine Kunst erfunden worden, noch eine Gesellschaft von zehn Personen gebildet. Es ist diese Eigenliebe, die jedes Tier von Natur aus hat, welche uns dazu bringt, diejenige des anderen zu respektieren. Das Gesetz regelt die Eigenliebe, und die Religion perfektioniert sie. Es ist wohl wahr, dass Gott Kreaturen hätte schaffen können, deren Augenmerk ausschließlich auf das Wohl der anderen gerichtet ist. In diesem Fall wären die Händler aus Mitleid nach Indien gefahren und der Maurer hätte seinem Nachbarn den Stein gesägt, um ihm eine Freude zu machen. Aber Gott hat die Dinge anders eingerichtet. Verurteilen wir nicht den Instinkt, sondern nutzen wir unsere Gaben!«

Eine Gesellschaft von Freien und Gleichen war nicht auf eine kirchlich oder staatlich verordnete Nächstenliebe oder Brüderlichkeit angewiesen. Voltaire sah im Eigennutz nichts Böses, sondern im Gegenteil das Mittel, wie wir das Paradies und die Glückseligkeit, welche die Kirche uns für das Jenseits versprach, auf Erden verwirklichen können. In einer säkularisierten Welt ging es um nichts Geringeres: Seligkeit sollte machbar werden.

Verkürzt und vereinfacht lässt sich sagen, dass die Aufklärung philosophisch ein Triumph von Rationalismus, Vernunftkritik und Materialismus war über den metaphysischen Überschwang mittelalterlicher

Spekulation. Politisch war sie ein Projekt des Bürgertums, sich durch die Abschaffung aller Privilegien ein größeres Stück vom Kuchen der Macht zu sichern. Macht und Vermögen sollten ungehindert wachsen und schwinden können, jeder sollte ungehindert aufsteigen und insbesondere auch fallen können. Begriffe wie Nächstenliebe blieben ihr im Grunde suspekt. Freiheit und Gleichheit waren Begriffe für eine säkulare Welt, sie passten in das System der Aufklärung, das ohne Gott und ohne jenseitigen Lohn und Strafe auskommen musste. Wie aber eine säkular begründete Nächstenliebe – nichts anderes ist die Brüderlichkeit – aussehen sollte, blieb seit jeher unklar. Ohne sie konnte aber ein Staat ebenso wenig existieren wie ohne Gerechtigkeit.

Zu viel Nettigkeit bremst den Wohlstand

Die historischen und theoretischen Schwierigkeiten der Brüderlichkeit, einen Platz in der Welt zu finden, beschreiben aber nur die Oberfläche des Problems. Die von Voltaire beschriebene Welt, in der die später sogenannte unsichtbare Hand dafür sorgt, dass jeder irgendwie versorgt ist und es dem Durchschnitt immer ein wenig besser geht, kommt nicht nur ohne Brüderlichkeit aus. Genau genommen wäre eine vollständige Brüderlichkeit ihr Untergang. Versteht man diese als die Ausdehnung geschwisterlicher Zuneigung und Liebe auf alle zwischenmenschlichen Verhältnisse, als den wechselseitigen Verzicht auf Vorteilsnahme, so könnte es einen guten Teil unseres heutigen Wohlstands nicht geben. Die moderne, an freien Märkten orientierte Wirtschaftsweise, wie sie sich seit der industriellen Revolution entwickelt hat, basiert bis zu einem gewissen Grad auf einem Mangel an gegenseitiger Nettigkeit.

Ökonomen haben hier das Stichwort Informationsasymmetrie parat. Man kann miteinander Handel treiben, wenn beide Partner gleich viel über das Produkt wissen, aber wirklich hohe Gewinne lassen sich in der Regel nur erzielen, wenn einer mehr weiß als der andere. Nur dann kommt wirklich Schwung in die Geschäfte. Weiß ich, dass meine Kosten niedriger sind als die der Konkurrenz, kann ich diese guten Gewissens unterbieten, um möglichst viel Umsatz zu machen. Weiß ich, dass ich eine Ware andernorts sofort teurer weiterverkaufen kann, werde ich davon so viel kaufen, wie ich nur kann. Es mag brüderlich sein, wenn ich als Verkäufer meine Kunden darüber aufkläre, was sich in der Wurst oder der Uhr unter der glänzenden Oberfläche verbirgt, aber es wird in der Regel weder meine Gewinnspannen noch meine Umsätze erhöhen. Also lobe ich meine Auslage, so gut es geht. Wenn hingegen alle Marktteilnehmer über alle Informationen verfügen – wie es die moderne Portfoliotheorie bezüglich der Finanzmärkte verlangt –, gäbe es keinen wirtschaftlichen Grund, überhaupt zu handeln. Es wird aber gehandelt, und je größer die Gelegenheit, einen unbrüderlichen Vorteil zu erlangen, desto mehr. Wenn Brüderlichkeit darin besteht, unseren Nächsten keine wesentlichen Informationen vorzuenthalten und keinen Vorteil auf ihre Kosten zu erstreben, dann schwinden die Anreize, zu produzieren und zu handeln, und die unsichtbare Hand kann in der Tasche bleiben. Wohlstand muss dann irgendwie anders entstehen.

Vorteilssuche oder schon Unterschlagung?

Die Suche nach dem eigenen Vorteil, welche aus dem Prinzip der Freiheit geboren ist, aber zum Prinzip der Brüderlichkeit etwas quer steht, ist nicht nur legitim, sondern auch notwendig, um unser Wohlstandsniveau zu halten. Dabei sind die Grenzen des Phänomens, wo es in sein Gegenteil umzuschlagen beginnt, der eigentlich interessante Bereich. Etwa, wenn die Vorteilssuche langsam und unmerklich in einen Graubereich gerät, an dessen Ende sie zur Unterschlagung wird. Bei der Unterschlagung verschwindet etwas, ohne dass der rechtmäßige Eigentümer zunächst etwas davon merkt. Diese Zeitachse ist für Juristen egal, für Ökonomen aber das Entscheidende: Solange der Schwund nicht auffliegt, fühlen sich beide, Täter und Opfer, reich. Der Täter vertraut auf sein Glück und Geschick, und das Opfer wiegt sich in der Sicherheit, frei über sein Eigentum verfügen zu können. Beide sind glücklich und im Grunde mit der Situation zufrieden. Es herrscht dann keine falsche Sparsamkeit, und beide geben freimütig das Geld aus. Für die Wirtschaft ist dies, wenn wir uns kurz zu einer vollkommen moral- und rechtsfreien Sicht der Dinge durchringen, ein grundsätzlich gutzuheißender Zustand, denn nur wenn es Käufer gibt, füllen sich die Läden mit Waren, läuft die Produktion, entstehen Arbeitsplätze.

Ein bissel Schwund ist immer, weiß der Volksmund. Wie groß er ist, hat für die wirtschaftliche Entwicklung eine große Bedeutung. John Kenneth Galbraith benutzt für den Schwund das englische Wort *bezzle*, wenn er das Resultat einer Unterschlagung, *embezzlement*, ist. *Bezzle* leitet sich vom mittelalterlichen französischen Wort *besillier* her, was so viel wie *töten* oder *zerstören* bedeutet. Das Wort ist heute so ungebräuchlich, dass es sogar in *Langenscheidts Großwörterbuch Englisch – Deutsch* fehlt, bedeutet umgangssprachlich aber so viel wie *verschwenden* oder *sich betrinken*. Bei Ökonomen hingegen hat der *bezzle* Sinn und Platz.

Dieser Schwund, den wir als den praktischen Ausdruck des Mangels an Brüderlichkeit definieren, ist immer vorhanden, aber er variiert mit der Zeit erheblich. In guten Zeiten (die man an den hohen Preisen für Aktien, Immobilien, Anleihen und Kunst erkennt) ist er am größten, denn die Menschen sind dann am vertrauensseligsten und die Möglichkeiten zur Unterschlagung sind am vielfältigsten, wie Walter Bagehot schon im 19. Jahrhundert beobachtet hat: »Die Menschen sind am gutgläubigsten, wenn sie am glücklichsten sind; und wenn gerade viel Geld verdient wurde, wenn manche Menschen es wirklich verdienen, wenn die meisten Menschen es zu verdienen meinen, gibt es eine glückliche Gelegenheit für originelle Unwahrheiten. Fast alles wird für eine kleine Weile geglaubt, und lange vor der Entdeckung sind die übelsten und gewandtesten unter den Betrügern geographisch und juristisch über alle Berge.«[1] Glückliche Menschen sind nicht misstrauisch, denn insgeheim befürchten sie, ein zu genauer und kritischer Blick könnte ihr Glück zerstören. »Unter diesen Umständen«, bemerkt Galbraith, »fällt die Entdeckungsrate, und der Schwund steigt stark an. In einer Wirtschaftskrise dreht sich all dies um. Geld wird mit einem engen, misstrauischen Blick begutachtet. Bis zum Beweis des Gegenteils geht man davon aus, dass die Leute, die damit umgehen, unehrlich sind. Prüfungen sind durchdringend und kleinteilig. Die Moral der Kaufleute verbessert sich enorm. Der Schwund wird geringer. ... Innerhalb weniger Tage dreht sich etwas wie allgemeines Vertrauen in allgemeines Misstrauen.«[2] Die Menschen versuchen dann zu retten, was zu retten ist, und verkaufen ihre Vermögenswerte, solange es noch geht. Dadurch fallen die Werte von Immobilien, Aktien und Anleihen und verschlechtern so den allgemeinen Kredit. Alle werden durch die fallenden Notierungen ärmer, und die Banken sorgen sich um ihre Sicherheiten. Wenn es zum Äußersten kommt und die Banken zu gut am Schwund verdient haben wie 1929 oder 2008, kommt es zu einer allgemeinen Vertrauenskrise in das Finanzsystem und zum Sturm auf die Spareinlagen.

Wie es uns gefällt

Ausgangspunkt des Schwundes im Zeitalter der modernen und kreativen Buchführung ist der Umstand, dass Unternehmungen, Investitionen und Verträge Zeit brauchen. Viele laufen über mehrere Jahre, man denke etwa an den Bau eines Hauses, einen langjährigen Liefervertrag für Industriegase oder die Rückzahlung eines Kredits. Das Handelsgesetzbuch und sein globaler Verwandter IFRS (International Financial Reporting Standards) verlangen aber einen jährlichen Bericht über den Gang der Geschäfte. Hier entsteht also eine Diskrepanz zwischen Vorstellung (Bericht) und Realität.

In einer Welt, in der die Zukunft offen ist und der Zufall eine Rolle spielt, gibt es keinen richtigen und falschen Umgang mit der Verbuchung von Gewinnen. Früher hat man Zahlungen erst gelten lassen, wenn sie in der Kasse klingelten. Das war in gewisser Weise realistisch, führte aber etwa bei Bauunternehmern dazu, dass sie in manchen Jahren, wenn wenige Häuser fertiggestellt wurden, einen Verlust auswiesen und in anderen Jahren gewaltige Gewinne. Da keines der Bilder der Wirklichkeit entsprach, gingen die Buchhalter dazu über, Gewinn und Verlust zu glätten.

Denselben Spielraum haben die Buchhalter, wenn es bei Banken und Versicherungen darum geht, die Kredite und Anleihen, in denen sie ihr Geld angelegt haben, zu bewerten. Ein Schuldner mag schlechte Zeiten erleben, und die Kurse der von ihm begebenen Anleihen mögen sinken. Aber ist darum gleich zu erwarten, dass er seinen Verpflichtungen nicht nachkommt und seine Schuld zu weniger als 100 Prozent begleicht? Wenn wie im Jahr 2012 die Anleihen vieler lateineuropäischer Schuldner nur bei 80 Prozent ihres Nominalwertes gehandelt werden, kann der Buchhalter also Optimist sein und den Aktionären seines Instituts diese Papiere mit dem vollen Nominalwert in die Bücher schreiben. Er kann so tun, als gebe es keinen Verlust, sondern nur ein zwischenzeitliches Problem, das sich in absehbarer Zeit wieder einrenken werde und darum nicht überzubewerten sei – zumal der Staat es mit seinen Forderungen gegenüber diesen Schuldnern nicht anders hält. Dies ist nun die Stelle, wo heute der Schwund entsteht. Denn wo es keine prinzipiell richtigen und falschen Antworten gibt, ist das Ergebnis immer so, wie man es sich wünscht.

Ähnlich geschah es auch bei den Internetunternehmen der Jahrtausendwende und geschieht es heute bei ihren legitimen Nachfolgern, den Social-Media-Unternehmen. Deren Gründer verkaufen Ideen, von deren exorbitantem Wert sie selbst felsenfest überzeugt sind. Wenn sie mit ihren Unternehmen an die Börse streben, stimmen Börsenmakler und Banker in diesen Glauben gerne ein, denn für sie sind die Gewinnmargen hoch. Die Käufer der Aktien haben dann Papiere im Depot, hinter denen Ideen und Konzepte stehen, die aber bewertet sind, als produzierten sie reale Gewinne. Schwund ist hier unvermeidlich. An dieser Stelle sei angemerkt, dass hier keine bösen Absichten im Spiel sein müssen. Der hervorstechendste Charakterzug von Unternehmensgründern ist das Selbstvertrauen. Sie glauben tatsächlich an den Erfolg ihrer Ideen. Würden sie nicht daran glauben, so würden sie sich nicht etwas zutrauen, was objektiv so wenig Erfolgsaussichten hat und mit so vielen persönlichen Rückschlägen verbunden ist. Dieser unerschütterliche und übertriebene Glaube an die eigenen Fähigkeiten ermöglicht es dem Unternehmer, auch in schweren Zeiten weiterzumachen, obwohl er sehr genau weiß, dass auf jedes Facebook und auf jedes Google Zehntausende gescheiterte Versuche kommen. Aber die Bereitschaft zum Selbstbetrug trägt sie weiter, und den einen oder anderen auch zum Ziel. Der Rest ist Schwund.

Undramatisch bis schwerwiegend

Der Schwund hat aber nicht nur einen konjunkturellen Nutzen, sondern auch einen sozialen, den bereits die französischen Revolutionäre kannten und der mindestens ebenso bedeutend ist: Der Schwund nimmt zur Spitze der Wohlstandspyramide hin zu. Der Mittelstand ist sparsam und hat die Mittel, um für sich zu sorgen und auf seine Rechte zu achten. Ihn trifft der Schwund meist nur, wenn die Wirtschaft besser aussieht, als es ihr tatsächlich geht, oder wenn eine allgemeine Spekulation im Gange ist und die Zeitungen voll sind von Meldungen über neue Höchststände bei Aktien oder Edelmetallen. Gegen diesen Schwund lässt sich wenig ausrichten, und im Grunde ist er undramatisch.

Schwerwiegender ist der Verlust von Geld an der Basis der Pyramide. Dort tritt er aber nicht durch Gedankenlosigkeit und Selbstbetrug ein, welche den Schwund kennzeichnen. Dort ist Ausbeutung das Problem – aber das ist ein anderes Thema. Nur so viel: Jede Generation findet ihre eigene Form der Ausbeutung. Man erkennt sie daran, dass Selbstbetrug bei den Betroffenen keine oder kaum eine Rolle spielt, dass Schwund und Unmündigkeit nicht selbst verschuldet sind, dass die Gegenwart unerträglich ist und es keine schönen Illusionen über die Zukunft gibt. Sie besteht in Strukturen, denen die Betroffenen nicht entkommen können und die systematisch einen großen Teil ihres Einkommens absaugen. Immer wieder bildet sich erst dumpfer, dann wütender Widerstand dagegen, bis sich etwas ändert und die Ausbeutung an anderer Stelle, wo sich für eine Weile niemand beschwert, wieder auftaucht.

Wenn das Erbe zerrinnt

An der Spitze der Wohlstandspyramide kann der Schwund eine romanhafte Form annehmen. Die *Buddenbrooks* sind nicht das einzige Buch, welches mit leichter Hand über das mehr oder weniger würdevoll ertragene Siechtum einer Kaufmanns-, Industriellen- oder Adelsfamilie berichtet. Der gemeinsame Tenor ist der abnehmende Drang zum Gelderwerb, der die Aufsteiger noch gekennzeichnet hatte. Unvermeidlich ist das Händeringen der älteren Generation, die ihrem Namen so viel Ehre gemacht und nun den Glanz des Firmen- oder Wappenschilds matt werden sieht. Sie kann nicht begreifen, wie das Vermögen mit scheinbarer Gleichgültigkeit dem Verfall überlassen wird, warum eine schlaffe Generation sich nicht wehrt, sogar ohne eine andere große Aufgabe im Leben zu haben. Das bedeutende Erbe tatkräftiger Männer zerrinnt zwischen den Klavierfingern mäßig begabter, mäßig motivierter und mäßig erregbarer Jungen, an denen die Aufsteiger einer neuen Generation mühelos vorbeiziehen.

Für Romanciers ist dies ein wunderbares Thema, für die Wissenschaft ist es aber ausgesprochen schwierig zu greifen. Dies zeigt sich in der jüngsten Debatte um das verdienstvolle Buch des französischen Ökonomen Thomas Piketty. Dessen Kernthese lautet, dass das Wachstum des Vermögens (r) größer ist als das Wachstum der Wirtschaft insgesamt (g), also kurz gesagt r > g. Dies belegt er mit einer Fülle von

Steuerdaten aus dem 19. und 20. Jahrhundert. Die Konsequenz daraus ist einfach zu sehen: Wenn die Vermögen schneller wachsen als der Kuchen insgesamt, gehört den Vermögenden irgendwann fast der ganze Kuchen, und die Masse der arbeitenden Bevölkerung geht leer aus. Den Erben geht es dann völlig unverdient immer besser, und die Fleißigen haben kaum eine Chance auf ein angemessenes Auskommen. Das führt zu Unruhen oder gar Revolutionen und Bürgerkriegen. Daher, so Pikettys Schlussfolgerung, ist es besser, die Vermögen so sehr mit Steuern zu belasten, dass sie nicht mehr stärker wachsen als die Wirtschaft insgesamt.

Den Umstand, dass die großen Vermögen des 19. Jahrhunderts heute kaum noch existieren, erklärt Piketty mit den Weltkriegen, in denen Vermögenswerte massiv zerstört wurden – die also für eine Art Stunde null, in der alle mehr oder weniger gleich waren, gesorgt haben. So kommt es, dass trotz r > g heute keine größere Ungleichheit herrscht als von 100 Jahren. Aber wir sind auf dem Weg dorthin.

Pikettys Sorge wäre berechtigt, gäbe es keinen Schwund. Dieser ist aber schwer in Daten zu fassen und entzieht sich daher dem Blick und dem Vokabular der Ökonomen – trotz seiner herausragenden Bedeutung. Achtlos wird er der Literatur überlassen. Wie selbst große Vermögen durch Übermut, Prahlerei, Faulheit, Leichtgläubigkeit, Dummheit, Streitlust, Ängstlichkeit oder schlechte Ratgeber schnell kleingefaltet werden, wird nur dort gern erzählt. Nur die Literatur weiß, wie ermüdend Wohlstand sein kann, wie egal es vielen reichen Leuten ist, ob die Rendite bei drei, fünf oder sieben Prozent liegt. Achtlosigkeit im Umgang mit Geld ist aber ein so häufiges Phänomen, dass die wenigsten großen Vermögen länger als drei Generationen überdauern. Obwohl jenes sozial und ökonomisch eminent wichtig ist, nehmen Ökonomen davon kaum Notiz. Es passt nicht in ihr Weltverständnis.

Schwund tritt selten systematisch auf, sonst würde er stärker bekämpft. Es gibt allenfalls grobe Raster, in denen er erscheint, wie etwa bei einer Scheidung oder dem Zank um das Erbe. Öffentlich bekannt und für Ökonomen zugänglich bebildert werden diese familieninternen Vorgänge nur selten, wie etwa der Streit um den Thyssen-Bornemisza-Nachlass, der 120 Millionen Euro an Anwalts- und Gerichtskosten kostete. Unter Anwälten ist der Fall nicht nur berühmt und beliebt, weil er viele Kollegen reich gemacht hat, sondern auch, weil er so viel Personal verschlissen hat. Der zuständige Richter kapitulierte angesichts von 120 000 vorgelegten Dokumenten und dem 66-tägigen Plädoyer eines Anwalts.

Vom Vermögen anderer profitieren

Das Wirken der Asset-Management-Industrie kommt einer Systematisierung des Schwunds am nächsten. Sie sorgt mit ihrer Vielzahl von fantasievoll begründeten Gebühren (Retrozessionen, Ausgabeaufschläge, Rücknahmeabschläge, Kick-backs, Performance Fees, Depotgebühren, Lagerstellengebühren, Broker-Kommissionen, Basisvergütungen, Prüfungsgebühren, Stempelsteuern, fremde Spesen … die Liste ist unerschöpflich) für einen steten Abfluss aus den Vermögen von denjenigen, die nicht sehr genau aufpassen. Es hilft auch die beste Wertentwicklung nichts, wenn sich eine Schicht von Gebühren auf die andere türmt, wenn das teure Family Office einen teuren Private-Equity-Manager oder Vermögensverwalter beauftragt, um in teure Fonds zu investieren, die mit abgelegenen Vermögenswerten handeln. So hat John Kay ausgerechnet, was aus dem Vermögen des legendären Investors Warren Buffett geworden wäre, wenn er es nicht selbst angelegt hätte, sondern dieselben Entscheidungen von Hedgefonds-Managern getroffen worden wären, die zwei Prozent des Vermögens zuzüglich 20 Prozent der Wertentwicklung verlangen. Von den 62 Milliarden Dollar, die seine Beteiligung an seiner Investmentgesellschaft Berkshire Hathaway im Jahr 2009 wert war, würden ihm nur fünf Milliarden gehören, die übrigen 57 Milliarden wären bei den Verwaltern gelandet.

Um sich den segensreichen, für das Funktionieren einer demokratisch legitimierten Marktwirtschaft so unerlässlichen Schwund vorzustellen, konstruiere man sich vor dem geistigen Auge eine ideale Unternehmerfamilie, die am Ende des 20. Jahrhunderts zu sehr viel Geld gekommen ist, sagen wir zu 100 Millionen. Im Jahr 2000 stirbt der Unternehmer unerwartet früh. Es erben eine Frau und vier Kinder. Zunächst einmal gehen 30 Millionen an das Finanzamt. Dieses stellt bei der Überprüfung der Bücher fest, dass die steuerlichen Konstruktionen, die in den vergangenen Jahren gewählt wurden, nicht tragen, und bekommt 15 Millionen an Nachzahlungen. Steuerberater und Anwälte bekommen in dieser Angelegenheit noch einmal fünf Millionen. Die verbleibenden 50 Millionen – immer noch viel Geld – werden unter fünf Personen aufgeteilt und von einer großen Bank angelegt. Leider schreiben wir das Jahr 2000, und es gehen 40 Prozent des Geldes an der Börse verloren. Pro Kopf bleiben dann noch sechs Millionen. Dieses Geld wurde mit Glück über die Finanzkrise des Jahres 2008 gebracht, bringt nun aber kaum noch Zinsen, nach Kosten allenfalls zwei Prozent pro Jahr. Die mittlerweile erwachsenen Kinder haben aus ihrem Vermögen nun noch ein Einkommen nach Steuern von etwa 80 000 Euro im Jahr. Davon können sie aber nicht mehr den Lebensstil finanzieren, den sie aus den guten Tagen gewohnt waren. Sie geben weiterhin 250 000 Euro im Jahr aus (Ferien in St. Moritz und Florida, Klubmitgliedschaften, Personal Trainer, Privatschulen, Jachten und Jagden), und es ist absehbar, wann das Geld weg sein wird. Die Enkel des Unternehmers müssen von vorne anfangen.

Aber nicht nur den ganz Reichen geht es so, auch der Mittelstand wird von den großen Gleichmachern gestutzt. Wenn 100 000 Euro in einen durchschnittlich teuren Aktienfonds investiert werden bei Kostenquote von 1,7 Prozent per anno und der Markt über 20 Jahre sieben Prozent per anno zulegt, dann werden aus den 227 695 Euro, die auf diese Weise generiert werden, 159 272 Euro für die Verwaltung aufgewendet. Der schmale Rest von 68 423 Euro bleibt für den Anleger. Das ist gelebter Schwund.

r > g stimmt auf dem Papier und in den Seminarräumen der *École des Hautes Études en Sciences Sociales*. Aber der Schwund, gegen den jedes Vermögen anwachsen muss im Dschungel der Finanzmärkte und dessen Ursachen sich nur sehr ungern im prallen Licht wissenschaftlicher Untersuchungen zeigen, ist eine reale Größe, die für permanente Umverteilung sorgt. Er ist für das Entstehen und Bestehen einer egalitären Gesellschaft wesentlich effizienter, als es der Staat jemals sein könnte. Staatliche Umverteilung ist immer fantasielos und daher so selten erfolgreich.

Freiheit und Gleichheit können nur existieren, solange das System immer neue Gewinner und Verlierer hervorbringt, solange es offen bleibt und der Schwund jeden treffen kann. So darf es auch den Vermögensverwaltern am Ende nicht besser gehen als ihren Kunden. Ihr eigener, frisch erworbener Wohlstand versickert bald bei Anwälten, im Geltungskonsum, in Klub-Deals oder beim Kauf überteuerter Immobilien. Schiere Dummheit ist immer eine Möglichkeit, Geld wieder loszuwerden. Man frage die Kunstberater, die nicht nur reiche Erben, sondern auch bildungsferne Asset-Manager in Zusammenarbeit mit schlitzohrigen Galeristen mit frisch hochgejubelten Werken von Künstlern mit geringer Halbwertszeit versorgen. Kaum etwas sorgt so schnell für Schwund wie der Versuch, Geld und Sinn unter einen Hut zu bringen.

Der Schwund an der Spitze ist der Hauptgrund, warum sich Revolutionen heute nicht mehr lohnen. Die Mittelschicht kann zusehen, wie große Vermögen von selbst klein werden. Und darin liegt die wesentliche soziale Errungenschaft der Französischen Revolution: Es gibt keine sich selbst perpetuierenden Vermögen mehr. Es mag nicht jeder eine Chance haben, aufzusteigen, aber niemand entgeht mehr dem Risiko des Abstiegs. Die Revolution richtete sich gegen ein System, in dem die Privilegierten sich gegenseitig stützten und vor dem Schwund bewahrten. Die Angst vor dem Abstieg, das große Trauma des Bürgertums, sollte jeden treffen oder motivieren können. Die Revolutionäre richteten ihren Zorn aus gutem Grund nicht nur gegen Adel und Kirche, sondern auch gegen alle anderen Kartelle, die auf soziale Undurchlässigkeit gerichtet waren. Nichts sollte den Schwund behindern. Gewinner und Verlierer durften nicht mehr von Anfang an feststehen. Die Privilegierten von heute vergessen dies auf eigenes Risiko.

Anmerkungen

1   Vgl. Bagehot, Walter: *Lombard Street*. London 1873, Kap. VI, Abs. 40.

2   Vgl. Galbraith, John Kenneth: *The Great Crash, 1929*. New York 1954, Kap. 7, II.

Hansjörg Küster
Mensch und Natur
Innovation, Ausbeutung, Übernutzung

Landschaft wird stets von Natur und Kultur geprägt. Natur ist statisch gedacht, aber in der Realität dynamisch: In ihr kommt es ständig zu Temperaturschwankungen, Abtragung und Ablagerung von Gestein, Wachstum und Absterben von Lebewesen, Veränderung von Standorten. Kultur soll für Stabilität sorgen: Landnutzung soll die Grundlage für stabile Lebensbedingungen von Menschen sein. Weil aber Landschaft stets auch von dynamischer Natur geprägt ist, wird auch eine aus kultureller Sicht stabil gedachte Landschaft niemals dem Wandel entgehen.

Menschen sind Landnutzer. Ihre Strategien haben sich in den letzten Jahrtausenden mehrfach geändert. Ihnen trat nicht nur Natur entgegen, sondern auch Folgen überkommener Landnutzungssysteme, bei deren Anwendung sowohl Landschaftsstrukturen als auch Ideen zur Landschaft entstanden waren. Menschen – und das macht vielleicht ein Stück weit ihre Sonderstellung aus – setzen sich also bei der Nutzung ihrer Umwelt nicht nur mit den Bedingungen der Natur auseinander, sondern mit einer viel komplexeren Landschaft. In einem gewissen Rahmen ist ihnen die Freiheit gegeben, entweder nur für die Ausbeutung ihrer Umwelt zu sorgen oder auch moralische, ethische oder ästhetische Aspekte beim Umgang mit Landschaft zu berücksichtigen.

Kommen und Gehen

Für eine Ausbeutung von Umwelt gibt es ökologische Gründe. Die Ökologie untersucht und beschreibt die Beziehungen von Lebewesen zu ihrer Umwelt; sie ist eine Naturwissenschaft, die von Beobachtungen und nicht von Bewertungen ausgeht. Sie ist ein Teil der Biologie und keine Weltanschauung. Viele verschiedene Organismen bilden ein Ökosystem. In Pflanzen werden bei der Fotosynthese aus einfachen Stoffen – Wasser und Kohlenstoffdioxid – kompliziertere organische Substanzen aufgebaut. Pflanzen nehmen über ihre Wurzeln kleinere Mengen an Mineralstoffen aus dem Boden auf: Stickstoff, Phosphor, Magnesium. Der Körper einer Pflanze besteht aus organischen Substanzen, die die Produkte der Fotosynthese und Stoffe enthalten, die sie aus dem Boden aufgenommen hat. Tiere, die keine organischen Substanzen aus Wasser und Kohlenstoffdioxid aufbauen können, müssen etwas fressen: entweder Pflanzen oder andere Tiere. Dabei nehmen sie auch alle Mineralstoffe auf, die sie zum Leben brauchen.

Solange Wasser, Kohlenstoffdioxid und alle notwendigen Mineralstoffe verfügbar sind, wachsen Pflanzen und vermehren sich. Dann können sich Tiere ebenfalls vermehren, denn sie leben davon, Pflanzen oder deren Teile zu fressen. Und Tiere, die sich von anderen Tieren ernähren, gedeihen und vermehren sich, solange potenzielle Jagdbeute vorhanden ist. Wenn nicht mehr genug Nahrung verfügbar ist, kommt es zur Krise: Pflanzen sterben ab, Tiere gehen ein, und alle Organismen haben weniger Nachkommen. Ein solcher Trend kann sich erst dann umkehren, wenn wieder mehr Nahrung bereitsteht.

Es ist ein Irrtum, von einem Kreislauf der Natur auszugehen. Die Stoffe, die die Pflanze dem Boden entnimmt, kommen nicht alle wieder dorthin zurück, wo sie aus dem Untergrund gezogen wurden. Beispielsweise scheiden Tiere diese Mineralstoffe an ganz anderen Orten wieder aus. An bestimmten Stellen werden organische Substanzen akkumuliert und nicht oder nur verzögert wieder abgebaut: im Humus, in den Ufer- und Verlandungszonen von Seen und Meeren, in Mooren. An den Orten, an denen Tiere und Pflanzen leben, kommt es dadurch immer wieder zu Veränderungen, die nicht abrupt, sondern kontinuierlich verlaufen. Zeitweise können sich einzelne Arten von Lebewesen gut vermehren, dann verändern sich die Orte, an denen sie leben, mitunter auch so, dass sich die Lebensbedingungen für bestimmte Arten verschlechtern. Andere Tiere und Pflanzen treten auf, vermehren sich und verschwinden wieder. Eine solche Abfolge von Lebensgemeinschaften wird Sukzession genannt. Sie lässt sich bei der Verlandung eines Sees beobachten: Jede offene Wasserfläche wird mit der Zeit kleiner, schließlich verschwindet sie ganz. Kein See bleibt ewig bestehen. Während seiner Veränderung breiten sich zahlreiche Pflanzen- und Tierarten nacheinander aus und verschwinden wieder: Weder ein Kreislauf noch ein Gleichgewicht der Natur wird jemals erreicht.

Utopisches Ziel

Ein Gleichgewicht von Lebensbedingungen zu erreichen ist ein utopisches, aber dennoch immer angestrebtes Ziel von Menschen, die nicht nur in Natur, sondern auch in Kultur eingebunden sind. Ihre Existenz ähnelt zunächst derjenigen von Tieren: Sie beuten ihre Umwelt aus, indem sie sich von Pflanzen und Tieren ernähren. Dabei erreichen sie unweigerlich irgendwann Grenzen des Wachstums, und zwar genauso wie jede Tier- oder Pflanzenart. In einer solchen Situation setzen Menschen alles daran, nicht nur ihr eigenes Überleben, sondern auch das Überleben der Gruppe von Menschen zu ermöglichen, in die sie eingebunden sind. Dass dies letztlich nicht gelingen kann, ist jedem Menschen klar, der über seine Existenz nachdenkt. Aber es ist seit Jahrtausenden ein wichtiges kulturelles Ziel, das Leben zu verlängern.

Menschen lebten ursprünglich nur in den Tropen Afrikas mit ihrem ganzjährigen Nahrungsangebot. Im tropischen Regenwald, wo kaum jahreszeitliche Temperaturschwankungen auftreten, bilden sich das ganze Jahr über nahrhafte Früchte oder Knollen aus, und das ganze Jahr über können Tiere erbeutet werden. Davon wurden wenige Menschen satt, und daher konnten sich Menschen bis zu einer Grenze des Wachstums vermehren. Schließlich wurde Nahrung immer stärker ausgebeutet und knapp. Menschen ersannen Mittel und Wege, um die immer deutlicher spürbare Krise zu überwinden, dadurch etwa, dass sie mit Feuer die Nahrung besser aufschlossen. Sie ersannen neue Jagdmethoden oder wanderten an andere Orte, an denen zuvor noch keine Menschen gewesen waren. Innovationen ließen die Größe menschlicher Populationen eine Zeit lang wachsen, bis erneut Grenzen des Wachstums erreicht wurden und neuerlich Krisen der Nahrungsversorgung auftraten. Es setzte eine Spirale aus Innovation, Ausbeutung und Übernutzung von Umwelt ein. Die Menschheit, die in diese Spirale eingebunden war, hatte immer weniger nur mit natürlichen Gegebenheiten zu tun, sondern auch mit Strukturen, die sie durch ihr Handeln, durch ihre Kultur selbst geschaffen hatte. Menschen dezimierten die Bestände einzelner Pflanzen- und Tierarten, von denen sie sich ernährten, derart stark, dass sie ausstarben oder sehr selten wurden. Es gelang ihnen aber, andere Arten von Pflanzen und Tieren zu finden und zu fördern, die ebenfalls zur Nahrung taugten. Die vom Menschen immer stärker beeinflussten oder gar beherrschten Ökosysteme nahmen eine andere Zusammensetzung an. Nachfolgende Generationen lebten nicht mehr mit der »reinen« Natur, sondern in den Ökosystemen, die die Generationen vor ihnen beeinflusst und verändert hatten. Diese Menschen setzten sich also nicht mehr mit einer Umwelt auseinander, die ausschließlich von Natur bestimmt war. Ihre Umwelt war ebenso von Kultur geprägt, und das gilt in stärkerem Maße für spätere Zeiten, in denen sich die Spirale aus Innovation, Ausbeutung und Übernutzung von Umwelt noch immer weiterdrehte.

Wer die Umwelt dieser Menschen charakterisieren will, darf sich also nicht nur mit Natur befassen, sondern muss die gesamte Landschaft ins Visier nehmen. Dafür wird eine Landschaftswissenschaft gebraucht, eine Disziplin, die sowohl Natur als auch Kultur im Sinne von Gestaltung und Kultur im Sinne von Ideen und Metaphern untersucht. Ideen und Metaphern sind wichtig: Irgendwann nämlich begannen Menschen, über ihre Umwelt zu reflektieren, die nicht mehr nur Natur war, sondern eine Landschaft, die sowohl von Natur als auch von Kultur geprägt war. Menschen entwickelten mehrere Landnutzungssysteme hintereinander. Im Rahmen jedes dieser Systeme waren die Lebensbedingungen unterschiedlich, auch die Verhältnisse zwischen natürlichen und kulturellen Faktoren, die auf die Landschaft einwirkten, änderten sich erheblich.

Menschen in der letzten Eiszeit

In der letzten Eiszeit und ganz besonders an deren Ende ergaben sich sehr günstige Voraussetzungen dafür, dass sich die Menschheit von Afrika aus über weite Teile der Erde verbreiten konnte. In den gemäßigten Zonen, die heute Waldländer sind und zu denen weite Teile Europas gehören, wuchsen damals aus klimatischen Gründen keine Bäume. In offenen Grasländern lebten grasfressende Tiere, zum Beispiel Rentiere und Wildpferde. Menschen, denen die Nahrungsressourcen in Afrika nicht mehr genügten, kamen nach Asien und Europa, schließlich auch nach Nord- und Südamerika und lebten von der Jagd auf grasfressende Tiere. Dank der Nutzung des Feuers konnten sie auch im unwirtlichen Klima der damaligen Zeit überleben, und sie konnten damit Nahrung besser aufschließen. Sie mussten also weniger Tiere töten, um satt zu werden, und sie kamen auch in einer Umwelt zurecht, in der weniger Tiere lebten, vielleicht weil sie bereits von Menschen dezimiert worden waren, die vor ihnen auf die Jagd gegangen waren und sich ernährt hatten.

Aus heutiger Sicht gingen die Menschen damals ausgesprochen verschwenderisch mit ihren Nahrungsressourcen um. Rentiere und Wildpferde leben in Rudeln. Weil es schwierig war, ein einzelnes Tier aus einem Rudel heraus zu erlegen, wurden oft mehrere Tiere oder gar ganze Gruppen von Tieren getötet, etwa am berühmten Felsen von Solutré in Burgund: Rudel von Wildpferden und Rentieren wurden auf dem sanft ansteigenden Nordhang bis zu einer schroffen Felsenklippe am Gipfel des Berges getrieben. Die um ihr Leben rasenden Tiere stürzten in Panik über den Felsen zu Tode. Nach der Jagd lagen unter dem Berggipfel zahlreiche Kadaver, deren Fleisch die Jäger nicht auf einmal verzehren konnten. Eine große Menge Fleisch blieb für Wölfe und andere Tiere liegen.

Vor etwa 18 000 Jahren ging die Zeit des Kältemaximums der letzten Eiszeit zu Ende. Die Klimaerwärmung löste eine Sukzession von Lebensgemeinschaften aus. Zunächst wuchsen Gräser und Kräuter besser als zuvor, sodass es mehr Nahrung für pflanzenfressende Tiere gab. Sie vermehrten sich. Folglich gab es auch mehr Jagdbeute für Menschen, die sich ebenfalls vermehrten. Möglicherweise kam es lange Zeit nicht zu einer Übernutzung der Tierbestände: Die Anzahlen der Tiere und Jäger wurden lange Zeit größer, begünstigt durch die ökologischen Gegebenheiten der Sukzession.

Lebensfeindliche Wälder

Die Sukzession endete aber nicht mit der Herausbildung wildreicher Grasländer, sondern sie setzte sich fort. In den Abdrücken der spitzen Hufe von Rentieren blieben Flugfrüchte von Birken oder Kiefern hängen. Das Klima machte inzwischen ein Wachstum von Bäumen möglich: Aus Grasland wurde im Lauf der vom Klimawandel ausgelösten Sukzession Waldland. Je dichter der Wald wurde, desto weniger Licht drang an seinen Boden; Gräser und Kräuter wurden seltener, also gab es weniger Nahrung für Rentiere und Wildpferde – und die Möglichkeiten, auf die Jagd zu gehen, verschlechterten sich drastisch. Die Tiere starben aus oder wanderten in Gebiete, in denen sie noch genug Nahrung fanden, beispielsweise nach Nordeuropa. Die Jäger erlegten noch die letzten Rentiere, die in Mitteleuropas Wäldern geblieben waren.

Dann gab es keine Rentiere und Wildpferde in Mitteleuropa mehr. Für die Menschen brachen damit sehr wichtige Nahrungsressourcen weg. In Wäldern der gemäßigten Zonen können nur sehr wenige Tiere dauerhaft überleben, und Menschen gelingt dies überhaupt nicht. Ein Wald in den gemäßigten Zonen Mitteleuropas unterscheidet sich nämlich dadurch sehr wesentlich von einem tropischen Wald, dass er sich in Abhängigkeit von Jahreszeiten entwickelt. Nahrung für Tiere und Menschen steht nur zu bestimmten Zeiten zur Verfügung, etwa im Frühjahr, wenn Blätter austreiben, und im Herbst, wenn Früchte reifen und die Fruchtkörper von Pilzen erscheinen.

Wären die Menschen nun ausschließlich von natürlichen Entwicklungen abhängig gewesen, hätten sie in Mitteleuropa aussterben müssen. Aber dank ihrer Einbindung in die Spirale aus Natur und Kultur konnten sie Auswege, neue Existenzmöglichkeiten finden. Einige Jäger zogen hinter den Tieren her, weit in den Norden Europas. Dort konnten sie ihre Lebensweise beibehalten. Andere Menschen stellten sich auf das Leben in einer Waldlandschaft ein. Dauerhaft Nahrung fanden sie dort nur in der Nähe von Gewässern, wo man ganzjährig fischen und Jagd auf Vögel machen konnte. Dabei verwendeten sie andere Jagdwerkzeuge als ihre Vorfahren, nicht mehr diejenigen, die man zur Erbeutung von Großtieren benötigte, sondern kleinere. Die Menschen sammelten auch Pflanzen und legten Vorräte von Nüssen an. Möglicherweise steckten sie Haselnüsse in den Boden, damit sich daraus Büsche entwickelten. Haselnüsse konnten auf diese Weise zu einer sehr wichtigen Nahrungsressource werden. Die Kultivierung von Haselbüschen kann man als eine frühe Form von Pflanzenanbau auffassen. Die Menschen kamen wohl immer wieder an die gleichen Plätze zurück; aber zwischendurch zogen sie lange über Land, auf der Suche nach Nahrung. Denn auch viele Fische und Vögel treten nur saisonal an bestimmten Stellen häufig auf. Fische kommen zum Laichen und verschwinden wieder, Zugvögel kommen, wenn besonders viel Nahrung verfügbar ist, und fliegen weiter, wenn sie an anderen Orten bessere Ernährungsbedingungen vorfinden.

Ackerbau – der Mensch wird sesshaft

Ein Landnutzungssystem, das auf der Jagd und dem Sammeln von Pilzen und nahrhaften Pflanzenteilen beruhte, war mit demjenigen, das seit etwa 7000 Jahren in Mitteleuropa betrieben wurde, nicht kompatibel. Damals wurden Ackerbau und Viehhaltung aus dem Nahen Osten übernommen. Die Landwirtschaft hatte sich dort nach dem Ende der letzten Eiszeit entwickelt, wohl auch aus dem Grund, dass sich die Bedingungen für Jagd und das Sammeln von Pflanzen mit der dichter werdenden Bewaldung des Landes verschlechterten.

Vor allem der Ackerbau setzte eine sesshafte Lebensweise voraus: Im Sommer mussten die Felder vor Tieren und anderen Menschen geschützt werden, im Winter die Vorräte. Zwar ging man weiterhin auf die Jagd, und man sammelte auch weiterhin Pflanzenteile, aber auf traditionelle Weise wurde der Großteil der Nahrung nicht mehr bereitgestellt. Die Menschen waren nun vor allem Bauern, keine Jäger mehr. Getreide bekam eine besondere Bedeutung für sie, denn man konnte es ein ganzes Jahr über lagern, und jeden Tag konnte man dem Vorrat eine Ration entnehmen. Auf diese Weise stand den Menschen nun ihr tägliches Brot zur Verfügung. Nahrungsressourcen wurden viel effizienter genutzt, als dies bei der Jagd und beim Pflanzensammeln möglich war. Es kam nicht mehr vor, dass ein derart großer Teil der Nahrung ungenutzt verdarb wie unter dem Felsen von Solutré.

In Europa und anderen Teilen der Welt musste das Land komplett verändert werden, damit Kulturpflanzen wachsen konnten: Wälder, in denen inzwischen Eichen vorherrschten, wurden zurückgedrängt. Das Holz wurde zum Hausbau, zur Werkzeugherstellung und als Brennholz genutzt, und anstelle von Wäldern wurde Ackerland angelegt. Getreide, Hülsenfrüchte und Lein wuchsen im Schatten von Bäumen nicht, erst recht wurden sie dort nicht reif. Sie brauchen die direkte Sonneneinstrahlung.

Bei frühen Ackerbauern ging es viel stärker um eine Auseinandersetzung mit Landschaft als beim vorausgegangenen Landnutzungssystem von Jagd und Pflanzensammeln: Bauern lebten in weitgehend von ihnen selbst geschaffenen Landschaften, in denen zwar weiter natürliches Wachstum herrschte, das aber von Menschen gelenkt war und durch die Ernte abgebrochen wurde. Siedlungen und Wirtschaftsflächen bestanden nur für einige Jahrzehnte und wurden dann aufgegeben. Die Ursache für dieses aus heutiger Sicht seltsam anmutende Phänomen kennen wir nicht. Mutmaßlich fehlte es schließlich an einer Voraussetzung für ein Weiterbestehen einer Siedlung und ihrer Wirtschaftsflächen. Vielleicht ließen die Erträge auf den Feldern nach, sodass die Menschen nicht mehr satt wurden. Dies ist allerdings deswegen nicht sehr wahrscheinlich, weil in der Regel sehr mineralstoffreiche Böden bearbeitet wurden, auf denen die Bodenfruchtbarkeit mutmaßlich auch nach vielen Jahrzehnten noch nicht nachließ. Vielleicht fehlte aber nach einiger Zeit Holz zum Bau neuer Häuser in der Nähe der Siedlungen. In den Holzhäusern wurden offene Feuer unterhalten, und es kam daher immer wieder zu Schadfeuern. Wenn man danach neu bauen wollte, hätte man das Holz sicher auch über einige Hundert Meter transportieren können. Aber möglicherweise zog man es vor, an einen anderen Ort umzuziehen, an dem es noch genügend Bauholz gab. Dort wurde dann eine ganz neue Siedlung errichtet, die von neu geschaffenen Ackerflächen umgeben war.

Auf den verlassenen Siedlungsflächen setzten sich anschließend wieder natürliche Entwicklungen der Sukzession durch: Gebüsch kam auf, dann wuchsen die ersten Birken in die Höhe, später dann auch andere Bäume, sodass sich die Wälder erneut schlossen. Die Böden unter ihnen waren aber durch die Landwirtschaft verändert worden. Die Vegetation veränderte sich ebenfalls, mit dauerhaften Folgen: Nach der Aufgabe der Siedlungen kamen nämlich nicht nur wieder die Bäume auf, die vor der Gründung der Siedlung vorhanden gewesen waren. Vielmehr erhielten im Zug der Sukzession zum geschlossenen Wald auch andere Baumarten eine Chance, sich auszubreiten, die sie vielleicht nicht erhalten hätten, wenn die Wälder dauerhaft geschlossen geblieben wären. Anstelle von Eichen wuchsen nun im westlichen Mitteleuropa auch Buchen, weiter östlich Hainbuchen und in Skandinavien Fichten. Die Wiederbewaldung und die Ausbreitung der Baumarten waren zwar natürliche Prozesse, aber doch durch das zeitweise Bestehen einer Siedlung und damit durch Kultur mittelbar beeinflusst. Nie wurde alles Land, was durch den Menschen einmal verändert worden war, wieder komplett zu einer allein von natürlichen Faktoren geprägten Wildnis. Die Spuren von Menschen blieben für alle Zeit bestehen. Im Falle des Landbewirtschaftungssystems ohne Platzkonstanz kann man die bleibenden Spuren menschlicher Tätigkeit allerdings nicht als Indizien für eine gesteigerte Ausbeutung von Umwelt sehen, denn zu einer Übernutzung des Landes kam es nicht. Bevor sie eintreten konnte, waren die vom Menschen veränderten Flächen bereits wieder verlassen worden.

Künstliche Bewässerung

Zur etwa gleichen Zeit, in der sich das Landnutzungssystem der Landwirtschaft ohne Platzkonstanz entwickelte, entstand an den großen Strömen des Nahen Ostens ein weiteres System der Landnutzung, in dessen Rahmen Siedlungen und Wirtschaftsflächen dauerhaft bestanden. Dabei kam es viel schneller zu einer Ausbeutung und Übernutzung von Land.

In den Flussniederungen Vorderasiens ließen sich nur dann Kulturpflanzen aus den nahe gelegenen Gebirgen anbauen, wenn Felder künstlich bewässert wurden. Die Bewässerungsanlagen waren so aufwendig, dass man Siedlungen und Felder entlang von ihnen so schnell nicht wieder aufgab. Im regenarmen Klima konnte man Häuser aus getrockneten Ziegeln errichten und verwendete kein leicht entflammbares Holz. Daher hatten die Häuser einen längeren Bestand. Zur Übermittlung von Nachrichten entlang der Flüsse, die zum Beispiel die Regulierung der künstlichen Bewässerung betrafen, brauchte man eine Infrastruktur und eine Verwaltung. Vermutlich wurde dadurch die Entstehung früher Staaten begünstigt. Künstliche Bewässerung von Feldern und die Entstehung früher Staaten entlang von Euphrat und Tigris sind auf jeden Fall zwei Phänomene, die zur gleichen Zeit einsetzten, nämlich vor mehr als 6000 Jahren. Städte wurden zu Zentren der Infrastruktur, in denen Reichtum angesammelt wurde, und es entstanden die ältesten Hochkulturen. Deren Entwicklung wurde aber von erheblicher Ausbeutung und Übernutzung des Landes begleitet, die zunächst daran erkennbar wurde, dass vom vierten bis zum zweiten Jahrtausend vor Christus der Anbau von Weizenarten, unter anderem von Emmer, durch Gerstenanbau ersetzt wurde. Denn die künstliche Bewässerung führte zur Verdunstung von Wasser auf den Feldern, sodass Salz in den Böden zurückblieb. Unter den Getreidearten ist Gerste die einzige, die eine leichte Bodenversalzung ertragen kann. Nach einer Phase des Gerstenanbaus musste die Landwirtschaft vielerorts komplett aufgegeben werden; denn die Böden hatten nun einen derart hohen Salzgehalt angenommen, dass dort selbst Gerste nicht mehr wuchs. Anschließend breiteten sich Wüsten aus, von denen einige bis heute nicht wieder in Kultur genommen werden konnten. Möglicherweise wurden Krisen, in die die Staatsgebilde des Nahen Ostens schon in früher Zeit gerieten, unter anderem durch ökologische Probleme ausgelöst: Staaten zerbrachen, Städte mussten aufgegeben werden, etwa so wie das Sodom der Bibel. Lot und seine Familie durften der Zerstörung entgehen, indem sie die Stadt rechtzeitig verließen, aber unter der Auflage, nicht zurückzublicken. Weil sie dies dennoch tat, erstarrte Lots Frau zur Salzsäule. Dies könnte eine Metapher für die Bodenversalzung sein, die fortan eine Nutzung der Stadt unmöglich machte und ein Vorwärtsstreben der Flüchtenden zu einem neuen Wohnort ohne Blick zurück verlangte.

Zeit der Kolonien

Eine Zivilisation nach der anderen entstand und ging wieder unter, auch als Folge einer übermäßigen Ausbeutung der Umwelt. Die wichtigsten Zentren der Macht lagen zunächst im Orient, dann am Mittelmeer. Sie entwickelten sich, bestanden einige Jahrzehnte oder Jahrhunderte lang; einige verschwanden anschließend von der Bildfläche, andere verloren ihre Bedeutung. Immer wieder wird diskutiert, dass es die Ausbeutung der Natur war, die zum Untergang der Zivilisationen führte. Am Mittelmeer waren sie durch Bodenerosion und durch übermäßige Abholzung besonders bedroht. Auch stoßen immer wieder kalte Luftmassen aus dem Norden in das Mittelmeergebiet vor, sodass in einigen Gegenden Bestände frostempfindlicher Gewächse zerstört werden. Zu antiker Zeit war man bestrebt, die Folgen solcher Kalamitäten durch die Einrichtung von Kolonien zu minimieren. Denn ein Kaltluftvorstoß betraf immer nur einen Teil des Mittelmeergebietes, während andernorts die ungünstigen Witterungsverhältnisse nicht auftraten. Wenn Frost die Pflanzen in der Umgebung einer Muttersiedlung zerstört hatten, war die Wahrscheinlichkeit sehr groß, dass landwirtschaftliche Kulturen in anderen Regionen, etwa in der Umgebung der Kolonie, erhalten geblieben waren, sodass man dann auf Versorgung von außen her hoffen durfte.

Die von einzelnen Staaten aus aufgebauten Infrastrukturen waren oft nicht mit denjenigen anderer Staaten kompatibel, sodass es zu Konflikten kam. Auch zwischen Gegenden, in denen sich Zivilisationen entwickelt hatten, und anderen, in denen noch wie Jahrtausende zuvor Siedlungen von Zeit zu Zeit verlagert wurden, war Verständigung kaum möglich. Entweder bestand das Landnutzungssystem der dauerhaften Siedlungen oder dasjenige, in dessen Rahmen Siedlungen von Zeit zu Zeit aufgegeben und verlagert wurden. »Zivilisierte« und »Wilde« verstanden sich nicht. Das galt für Römer und Germanen, für Deutsche und Slawen im Mittelalter, auch für Europäer und »Wilde« in fernen Kontinenten, auf die man bei Entdeckungsreisen traf. Immer wieder wurde behauptet, »Wilde« hätten keine Kultur und lebten im Einklang mit der Natur. Das Zusammentreffen von Menschen, die in beide Landnutzungssysteme eingebunden waren, fand in der Herausbildung zahlreicher Ideen zur Landschaft seinen Niederschlag: In Wirklichkeit lebten weder Germanen im Wald noch waren Slawen, Hunnen oder Mongolen mit Wölfen oder Räubern vergleichbar. Die Grenzen der Zivilisationen waren lediglich besonders »bedroht« durch Völkerschaften, die nicht in Staatsverbänden lebten. Die »Wilden« waren den Zivilisierten so gut wie immer unterlegen, sodass Wildnisse mit ihren »indigenen Völkern« immer weiter zurückgedrängt und unterworfen wurden.

Zu Zeiten der griechischen und römischen Antike beklagte man immer wieder die Ausbeutung des Landes. Vergil besang – als Gegenbild – das ideale Leben der Hirten in Arkadien. Mit diesem Namen wurde ursprünglich eine rückständige Region auf der Peloponnes bezeichnet, in der anstelle von profitablem Ackerbau nur eine altertümliche Form von Weidewirtschaft betrieben wurde. Vergil verlagerte den Landschaftsnamen in eine andere Region, die ihn an das Ursprungsland erinnerte. Zu seinem Arkadien wurde Süditalien: Dort gab es viele Ländereien, die nach langer intensiverer Nutzung nun derart stark ausgebeutet waren, dass nur noch Hirten mit ihren Schafen und Ziegen das Land nutzen konnten. Viele Dichter und Maler haben diese Idee aufgegriffen und arkadische Landschaften dargestellt, in denen Hirten mit ihren Tieren zwischen antiken Ruinen zu sehen sind.

Von Horaz stammt der viel zitierte Ausspruch: »Omne tulit punctum, qui miscuit utile dulci.« Alle Zustimmung gelte also demjenigen, der das Angenehme mit dem Nützlichen verbunden hat. Das wurde in der Folgezeit auch auf die Umwelt des Menschen übertragen. Das Nützliche sind die Erträge an Korn, Fleisch, Milch oder Holz, das Angenehme ist die schöne Landschaft, der schön gestaltete Landbesitz, das irdische Paradies.

Land versorgt Stadt

Die Römer brachten Zivilisation und ortsfeste Lebensweise in weite Teile Mitteleuropas. Das Landnutzungssystem der Landwirtschaft ohne Platzkonstanz konnte sich später vielerorts noch einmal durchsetzen. Im Mittelalter aber breiteten sich das platzkonstante Landnutzungssystem, Zivilisation, Infrastruktur und Hochkultur in weite Teile Europas aus. Zunächst entwickelten sich ortsfeste ländliche Siedlungen, dann auch Städte, die zu einem großen Teil aus ihren ländlichen Umfeldern versorgt wurden. Städte wurden zu Zentren der Macht, zu Residenzen. Und Handelsnetze griffen immer weiter aus; so war es immer besser möglich, Korn und Holz an die Orte zu bringen, wo es an ihnen mangelte.

Die Grundherren drangen darauf, dass die ihnen untergebenen Bauern Überschüsse erwirtschafteten. Denn diese konnten sie als Abgaben an diejenigen Menschen abführen, die keine Landwirtschaft betrieben. Die Äcker wurden strikt vermessen: Sie waren zwar schmal, aber sehr lang, sodass man beim Pflügen die Gespanne nicht so oft wenden musste. Ackerbeet lag neben Ackerbeet, und jedes davon gehörte einem anderen Bauern. Auf benachbarten Äckern mussten die gleichen Kulturpflanzen stehen, denn man musste die Äcker zur gleichen Zeit bearbeiten und abernten. Der Zugang führte dabei oft über den Acker des Nachbarn. Die Äcker waren in drei Feldern zusammengefasst. Jeder Bauer hatte über einen Besitz von mindestens einem Acker Anteil an jedem Feld. Über den Flurzwang war festgelegt, welche Kulturpflanze auf jedem Feld gezogen wurde: auf dem einen Wintergetreide, auf dem zweiten eine Sommerfrucht. Das dritte Feld lag brach. Im folgenden Jahr fand eine Rotation des Anbaus statt: Statt Wintergetreide wurde auf dem ersten Feld eine Sommerfrucht kultiviert, das zweite Feld lag brach, und das dritte Feld, dessen Boden sich erholt hatte, stand für den Anbau von Wintergetreide bereit.

Die Ackerbau-Kernflur wurde von einer Allmendefläche umgeben, die man vielerorts auch »Gemeine Mark« nannte. Dort galten kaum

Regeln für die Landnutzung. Jeder konnte das tun, was er wollte: Einige betrieben Weidewirtschaft, andere holten Holz oder Pflanzenmaterial, mit dem sie ihre Ställe einstreuten. Die Allmende dehnte sich ohne Zaun oder Hecke weit in die Umgebung der Dörfer aus. Daher mussten Viehherden, die auf der Allmende weideten, stets von einem Hirten begleitet werden.

Trotz des günstigen Klimas in West- und Mitteleuropa, trotz der guten Böden machten sich immer deutlichere Zeichen einer Übernutzung, einer übermäßigen Ausbeutung des Landes bemerkbar, vor allem auf den Allmenden, deren Nutzung nicht kontrolliert wurde. Es mangelte an wichtigen Gütern, auf entwaldeten und überweideten Flächen breiteten sich Heiden aus. Wo der Pflanzenbewuchs völlig schütter geworden war, setzte der Wind Sand in Bewegung und wehte ihn zu Dünen zusammen: Sie begruben Felder und Bauernhöfe unter sich. Nach starken Regenfällen floss Wasser sehr rasch ab, sodass es zu Überschwemmungen und erheblicher Bodenerosion kam. Landwege waren nicht befestigt, was zur Folge hatte, dass Fuhrleute sich jedes Mal eine neue Fahrspur suchten, wenn ausgefahrene Spuren schlammig geworden waren; sie fuhren dann auch über Äcker und zerstörten landwirtschaftliche Kulturen. Am Ende waren viele mittelalterliche Straßen breiter als heutige Autobahnen, weil immer mehr Fahrspuren entstanden waren.

Vor allem in Kriegszeiten grassierten Hunger und Not. Dann war auch die Ausbeutung von Land und Menschen am größten. Vorräte wurden geplündert, Felder zerstört, Tiere sinnlos getötet oder davongetrieben, Siedlungen niedergebrannt. Vor allem nach dem Dreißigjährigen Krieg wurde deutlich: Es konnte nur dann eine Zukunft für die Menschheit geben, wenn die Landnutzung reformiert wurde.

Umfassende Reformen

Seit der zweiten Hälfte des 17. Jahrhunderts gelang eine Entwicklung, zu der es zuvor keine Parallelen gegeben hatte: In dem Gebiet, in dem Ausbeutung zu Umweltkrisen geführt hatte, gelang die Durchführung umfassender Reformen, die nicht nur einen Weiterbestand, sondern sogar ein Aufblühen der Kultur ermöglichten. Erstaunlicherweise wurden die Reformen ganz weitgehend akzeptiert, auch bei einer nachträglichen Beurteilung. Man wird den Reformen nicht gerecht, wenn man nur einzelne Aspekte betrachtet. Es geht keineswegs auch nicht nur um eine Landreform, sondern die Lebensverhältnisse der Menschen wurden komplett erneuert. Dabei entstand ein Sog der Entwicklung: Jede zog eine andere nach sich. Aus historischer Sicht legt man den Fokus der Betrachtung beispielsweise auf die Französische Revolution oder die Industrialisierung.

Doch Landreformen waren damit fest verbunden. Kleine Äcker wurden zu großen Feldern zusammengelegt; man nannte diesen Vorgang Verkoppelung, weil kleine Äcker aneinandergekoppelt wurden. Die Allmenden oder Gemeinen Marken wurden durch Gemeinheitsteilungen unter den Bauern aufgeteilt. Man begann, Wälder nachhaltig zu bewirtschaften, indem man ihnen maximal nur noch so viel Holz entnahm wie zur gleichen Zeit nachwuchs. Straßen wurden befestigt; beidseitige Gräben und Baumreihen verhinderten, dass Fuhrleute auch weiterhin nach den Seiten auswichen, wenn Fahrspuren unbenutzbar waren. Neue Kulturpflanzen wie die Kartoffel und neue Fruchtfolgen wurden eingeführt, mit denen die Bodenfruchtbarkeit und die Erträge erhöht wurden. Nur so war es möglich, genügend Nahrungsmittel für diejenigen Menschen bereitzustellen, die im Zeitalter der Industrialisierung in die städtischen Zentren gezogen waren; dort kam es zu einem erheblichen Bevölkerungswachstum.

Aber die Industrialisierung wirkte auch auf die ländlichen Entwicklungen ein. Die Erfindung der Dampfmaschine war die Voraussetzung für die Konstruktion von Bewetterungsanlagen und Lastenaufzügen, die die Ausbeutung von tief liegenden Kohleflözen ermöglichten. Mit der ebenfalls von der Dampfmaschine angetriebenen Eisenbahn wurde Kohle im Land verteilt. Heizte man mit Kohle, brauchte man kein Brennholz mehr, und die Förster konnten Wälder aufbauen. In weiteren Bergwerken wurde Kalisalz abgebaut, ein wichtiger Bestandteil von Dünger. Mit Mineraldünger ließen sich landwirtschaftliche Erträge erheblich steigern.

Soziale Reformen waren mit den Landreformen und der Industrialisierung ebenfalls eng verknüpft. Durch die Französische Revolution wurden die Ziele Freiheit, Gleichheit, Brüderlichkeit propagiert. Bald danach wurden Bauern befreit. Aber erst durch den Aufbau des ländlichen Kreditwesens kamen Bauern an Kapital, das sie für die Durchführung von Landreformen und den Ausbau ihrer Betriebe benötigten.

Alle Reformen wären kaum so erfolgreich gewesen, wenn sie nicht von etwas begleitet worden wären, was wir mit einem heutigen Begriff eine Imagekampagne nennen würden. Dichter und Denker, Maler und Musiker, Forscher und Philanthropen begleiteten die Entwicklungen, begrüßten sie, stellten sie für die Öffentlichkeit dar. Der Wunsch des Horaz, das Angenehme mit dem Nützlichen zu verbinden, wurde wieder aufgegriffen; Künstler eiferten dieser Idee nach, auch die Gestalter von Gärten und Parks. Dort entstanden die Vorbilder von Alleen, die bald danach weite Landstriche durchzogen. Dort wurden die ersten Hecken gepflanzt, die man bei der Umhegung von Koppeln in den Knick- und Wallheckenlandschaften nachahmte, etwa in Schleswig-Holstein und im Münsterland. Die Förster beachteten Grundsätze der Forstästhetik, indem sie schöne Bäume an den Rand monotoner Fichtenbestände setzten. Man reformierte also nicht nur die Landnutzung, sondern verschönerte auch das Land. Und das fand Akzeptanz in der Bevölkerung.

Nur kleine Flächen behielten ein Aussehen, wie es aus dem Mittelalter überkommen war. Hudewälder waren durch das Eintreiben von Vieh in Gehölzbestände der Allmenden entstanden. Dort hatten sich nur wenige große Bäume entwickeln können, weil die meisten Triebe junger Gehölzpflanzen vom Vieh verbissen wurden. Die Bäume hatten viel Platz für die Entwicklung ihrer Kronen; sie nahmen ausladende und malerische Formen an. Wo noch intensiver Holz genutzt und beweidet wurde, blieben waldoffene Heiden zurück; auch sie wurden romantisch verklärt. Bis heute gilt die Zeit des 19. und frühen 20. Jahrhunderts bei vielen Menschen als die »gute alte Zeit«, in der bescheidener Wohlstand auf dem Land herrschte, viele Bauern ihre von Hecken umzäunten Koppeln bewirtschafteten, Wälder aufgebaut wurden, Kopfsteinpflasteralleen die Dörfer verbanden, die Kleinbahn von Bahnhof zu Bahnhof dampfte und der Transport zwischen Bauernhof und Bahnhof mit dem Pferdegespann durchgeführt wurde. Doch wer von einer solchen Idylle träumt, darf nicht vergessen, dass sie mit der Industrialisierung untrennbar verbunden war und dass sie nur dadurch möglich wurde, dass man immer mehr dazu überging, endliche Rohstoffe abzubauen: Kohle, später auch Erdöl und Erdgas, Kalisalz.

Zentralisierung und Marginalisierung

Die für ideal gehaltenen Verhältnisse der »guten alten Zeit« gehören der Vergangenheit an. An den einen Orten wurde und wird die Nutzung intensiviert, an anderen wird sie aufgegeben. Das ist überall feststellbar: in der Landwirtschaft, beim Forst, in der Industrie, im Handel, beim Verkehr. Schnellbahnen werden ausgebaut, Nebenbahnen abgebaut. Kleine Geschäfte verschwinden, man kauft nun im Einkaufszentrum ein oder lässt sich Waren aus Güterverteilzentren schicken. Kleine Felder werden zu noch immer größeren zusammengelegt, es gibt immer weniger und immer größere Bauernhöfe. In abgelegenen Regionen wird dagegen die landwirtschaftliche Nutzung aufgegeben. In vielen Städten wächst die Bevölkerung, Grundstückspreise erreichen enorme Höhen, während die Bevölkerung auf dem Land zurückgeht und man dort Immobilien zu Schnäppchenpreisen bekommt.

Alle diese Entwicklungen können ebenso zu einem Landnutzungssystem zusammengesetzt werden wie die Phänomene der »guten alten Zeit«.

Die Entwicklung des neuen Landnutzungssystems wird intensiv von Planern begleitet, und es hat ganz weitreichende Erfolge. Die landwirtschaftlichen Erträge sind erheblich gewachsen, auch viele andere Wirtschaftszweige entwickeln sich positiv. Das Warenangebot ist enorm, und, was besonders wichtig ist, es gibt immer mehr Menschen auf der Erde, die nicht von Hunger bedroht sind, sondern davon ausgehen, dass ihre Lebensverhältnisse stabil bleiben – und das ist ja doch ein wichtiges Ziel jeglicher Landeskultur. Für diese Menschen sind auch die Ideale von Freiheit und gleichwertigen Lebensverhältnissen verwirklicht.

Doch vom Prinzip, das Nützliche mit dem Schönen zu verbinden, wird immer mehr abgewichen: Wozu braucht man Hecken, einzelne Bäume oder Gebüsche, dekorative Bäume am Waldrand? Ist dies ein Ausdruck dessen, was in der *Dreigroschenoper* von Bert Brecht plakativ zum Ausdruck gebracht wird: »Erst kommt das Fressen, dann kommt die Moral. Denn wovon leben die Menschen?« Der Satz trifft auf eine effiziente und wohlgeplante Landnutzung zu. Jeder Feingeist schüttelt sich bei diesem Gedanken und möchte am antiken Prinzip der Verbindung von Nützlichkeit und Schönheit festhalten. Aber wie kann das geschehen? Bisher hat man vor allem Umwelt- und Naturschutz bemüht, um gegen eine rücksichtslose Ausbeutung von Umwelt vorzugehen. Der Umweltverschmutzung lässt sich durch neue technische Verfahren begegnen, indem heute vor allem Wasser und Luft viel besser gereinigt werden als noch vor Jahrzehnten. Viele umweltschädliche Chemikalien wurden aus dem Verkehr gezogen.

Aber das Anliegen »Naturschutz« ist komplizierter umzusetzen. Zum einen entspricht die unter Schutz gestellte »Natur« sehr oft nicht dem, was ein Naturwissenschaftler Natur nennt, sondern ist ein Relikt einer Landschaft aus Zeiten, in denen andere Landnutzungssysteme vorherrschten: Dazu gehören Heiden und Hudewälder, Streuwiesen und Heckenlandschaften. Zum anderen geht es nicht nur darum, die Natur zu schützen, sondern die Landschaft insgesamt, auch mit allen Spuren von Kultur aus früheren Zeiten und mit den Ideen, die dazu entwickelt wurden. Das ist viel komplexer als Naturschutz, aber der einzige Weg, um ästhetische Werte und auch eine Biodiversität zu bewahren, die sich als Reaktion auf Natur- und Kulturbedingungen einstellte: Viele Orchideen breiteten sich in Mitteleuropa nur deswegen aus, weil Schäfer mit ihren Tieren über Land zogen und die Tiere ihnen gut schmeckende Pflanzen abrupften, giftige und bittere Gewächse aber stehen ließen. Und der Weißstorch wurde durch die Anlage von wechselfeuchtem Grünland begünstigt, in dem er nicht nur Frösche, sondern vor allem Insekten fing.

Und nun?

Das seit Jahrzehnten praktizierte System von Landnutzung wird sich vor allem deswegen nicht erhalten können, weil es von der Ausbeutung billiger fossiler Rohstoffe abhängig ist. Ihre Lagerstätten sind endlich. Daher ist es unumgänglich, bei der Nutzung des Landes stärker auf eine dezentrale Versorgung mit nachwachsenden Rohstoffen zu achten. In mittlerweile nur noch dünn besiedelten ländlichen Gegenden lässt sich das am ehesten durchsetzen; diese Regionen könnten daher neuerlich an Attraktivität gewinnen. Aber dies gelingt nur, wenn man dabei die »Moral« beachtet, ästhetische Werte, Schönheit. Man hat die Freiheit dazu, auch wenn einem vorgerechnet wird, dass dies ökonomisch unvernünftig zu sein scheint. Aber viele Menschen wollen Schönheit sehen, und die Beschäftigung mit den Landreformen der vergangenen Jahrhunderte lehrt, dass Akzeptanz in der Bevölkerung bei Neugestaltungen wichtig ist, wenn sie gelingen sollen.

In einer demokratischen Gesellschaft tritt etwas anderes hinzu, was besonders schwer zu realisieren ist: Benötigt wird eine viel gründlichere Aufklärung über Zusammenhänge, die in der Landschaft und bei deren Umgestaltung bestehen. Es kann nicht angehen, nur auf eine Intensivierung der Nutzung, auf eine Ausbeutung des Landes bedacht zu sein, und es ist genauso unmöglich, unser bisheriges Klein-Klein der Abtrennung von verschiedenen Naturschutzflächen fortzusetzen. So baute man beispielsweise neben den Gleisen der Schnellbahnstrecke von Stendal nach Berlin für einen Millionenbetrag lange Dämme. Sie sollten verhindern, dass Großtrappen in die Oberleitungen gerieten, Vögel, die sich als Kulturfolger in Brandenburg angesiedelt hatten. Dabei übersah man, dass die Strecke ein paar Kilometer weiter westlich mitten durch das Überflutungsgebiet der Elbe führte. Im Sommer 2013 war daher die Strecke für Monate unterbrochen, nachdem an der Elbe ein Deich gebrochen war.

Wir brauchen eine Perspektive für die ganze Landschaft, in Deutschland, Europa und auf der ganzen Welt, in einem neuen Landnutzungssystem, in dem darauf Wert gelegt wird, dass erstens die vernünftige Nutzung nachwachsender Rohstoffe an die Stelle von Ausbeutung endlicher fossiler Rohstoffe tritt und zweitens die Menschen akzeptieren, was in ihrer Umwelt geschieht, sodass sie sich mit ihr identifizieren können – und auch einsehen, dass ein Wandel der Lebensbedingungen unumgänglich ist, wenn wir uns von Intensivierung und Marginalisierung sowie einer Nutzung der Energie von fossilen Rohstoffen verabschieden wollen – oder vielmehr müssen. Die Spirale aus Innovation, Ausbeutung und Übernutzung von Umwelt wird sich weiterdrehen. Aber vielleicht sind in Zukunft nicht mehr Ausbeutung und Übernutzung deren wichtigste Komponenten, sondern von allen Menschen verstandene Innovationen. Technische Erfindungen und ein umfassendes Verständnis dafür, was geschieht, sind sehr wichtige Aspekte von Kultur.

Erich Weede
Freiheit impliziert Ungleichheit …

… Ungleichheit impliziert Ansporn und Chancen

Allgemeine Überlegungen zu Freiheit und Gleichheit

Am Anfang jedes human- und sozialwissenschaftlichen Denkens sollten zwei Einsichten stehen. Erstens unterscheiden wir Menschen uns
in vielerlei Beziehungen – nicht nur in Länge oder Gewicht, Alter oder
Geschlecht, sondern auch in Intelligenz, Humankapital oder Arbeits-
produktivität. Sofern man (wie John Locke) das Selbsteigentum des
Menschen voraussetzt, ist es naheliegend, ihm auch das Eigentums-
recht an den Früchten seiner Arbeit zuzugestehen. Wenn mehr oder
weniger produktive Menschen frei arbeiten und die Früchte ihrer Arbeit behalten dürfen, dann ergibt sich Ungleichheit. Dass es bei einer
Teamproduktion manchmal schwierig ist, festzustellen, wer welchen
Anteil an der Erzeugung von Produkten hat, ändert am grundsätzli-
chen Sachverhalt nichts.

Zweitens sind wir Menschen in einer Beziehung tatsächlich gleich.
Gewissheit über den eigenen Besitz der Wahrheit sollte sich niemand
zuschreiben. Aber da beginnen schon wieder die Unterschiede unter
den Menschen: Manche sind anfälliger für die Illusion, sie hätten Gewissheit über den Besitz der Wahrheit, als andere. Auch wenn jeder
sich irren kann, irren wir uns nicht alle gleich häufig. Gleichheit ist im
menschlichen Leben immer nur ein Randphänomen, es ist nie Normalität. Gleichheit kann aber ein Ideal sein. Es wäre schön, wenn alle
Menschen gleichermaßen frei, also nicht Zwang und Gewaltdrohun-
gen anderer ausgesetzt wären, wenn ein allgemeines Gewaltverbot uns

alle gleichermaßen schützen könnte. Gleichheit vor dem Gesetz ist ein Ideal.

Nicht allen Denkern reicht negative Freiheit, die sich aus dem Verbot von Gewalt und Zwang ergibt. Manche verlangen auch positive Freiheit oder soziale Gerechtigkeit, wobei eine Gemeinschaft oder Gesellschaft dafür zuständig wird, jedem Menschen eine minimale Ressourcenausstattung oder gleiche Entfaltungschancen zu vermitteln. Dann muss irgendeine Instanz – meist wird sie Staat genannt – das Recht haben, in die negative Freiheit oder das Eigentum mancher Menschen einzugreifen, um die notwendigen Ressourcen zu beschaffen. Bei der Erhebung von Steuern und anderen Zwangsabgaben ist das staatliche Gewaltmonopol immer zumindest Hintergrundbedingung. Schon der Versuch, positive Freiheit oder soziale Gerechtigkeit zu schaffen, muss zur Unterscheidung zwischen denen führen, die Freiheit und Eigentum anderer beeinträchtigen dürfen, und denen, die nur Opfer obrigkeitlicher Intervention oder Umverteilung sind. Auch wer Unterschiede zwischen den Menschen für zufällig und unverdient hält – kein Embryo kann sich seine Gene oder das Elternhaus oder das Geburtsland aussuchen –, muss entweder diese Unterschiede hinnehmen oder Machtunterschiede zwischen Tätern und Opfern einer Interventions- und Umverteilungsinstanz etablieren wollen, also wiederum Ungleichheit akzeptieren.

Anarcho-Libertäre, Anhänger von Minimalstaaten oder einer freien Marktwirtschaft finden sich lieber mit schicksalhaften Unterschieden als mit politischen Machtunterschieden ab. Wie der Nobelpreisträger für Wirtschaft Friedrich August von Hayek halten sie die Begrenzung politischer Macht für noch wichtiger als die demokratische Bestimmung der Machthaber. Aus dieser Perspektive dient die Forderung nach sozialer Gerechtigkeit vor allem der Ausweitung der Zuständigkeit der Politik, damit kollektiver Entscheidungen, zulasten der Freiheit des Individuums. Wie Robert Michels mit seinem ehernen Oligarchiegesetz schon vor mehr als 100 Jahren erkannt hat, reicht formale Gleichheit der Stimmen nicht aus, um gleichen Einfluss zu garantieren. Gleichheit ist in der Politik kein realisierbares Ideal. Der Versuch, auf politischem Wege Gleichheit herzustellen, kann zwar die Freiheit beschädigen, aber nicht Gleichheit herstellen. Damit komme ich zu einer empirischen und überprüfbaren (falsifizierbaren im Sinne von Karl Popper) Aussage, der These der Produktivität der Freiheit. Um das Thema einzuengen, werde ich mich darauf konzentrieren, die Produktivität wirtschaftlicher Freiheit bei der Schaffung von Wohlstand und die Unproduktivität staatlichen Handelns dabei zu erläutern, sofern das staatliche Handeln materielle Gleichheits- oder Gerechtigkeitsziele anstrebt, anstatt sich auf die Setzung eines Ordnungsrahmens oder von Spielregeln zu beschränken.

Der Wert der Freiheit: Etwas Theorie

Welche Gründe lassen sich zugunsten eines schlanken Staates und möglichst großer Freiheit für Individuen und Unternehmen anführen? Obwohl Unternehmen hierarchisch organisiert sind, Unternehmer Weisungen geben und deren Arbeiter oder Angestellte Weisungen unterworfen sind, ändert es am freiwilligen Charakter der Lohnarbeit nichts. Es ist wesentlich leichter und unproblematischer, den Arbeitgeber als den Staat zu wechseln. Das gilt jedenfalls dann, wenn es keine rechtlichen oder von der Staatsgewalt durchgesetzten Hindernisse für Unternehmensgründungen und eine Vielzahl von Unternehmen gibt, die im Wettbewerb miteinander stehen, wenn es auch einen Wettbewerb um Arbeitskräfte gibt. Die volkswirtschaftliche Theorie liefert vor allem drei Gründe, warum wirtschaftliche Freiheit und damit die Chance zum Erwerb von Privateigentum produktiv sind. Schon Adam Smith wusste am Ende des 18. Jahrhunderts, dass Menschen Arbeitsanreize benötigen, dass die Hoffnung auf den Erwerb von Eigentum ein unverzichtbarer Arbeitsanreiz ist. Weil nicht alle Menschen gleichermaßen erfolgreich dabei sind, Dinge zu produzieren und anderen zum Tausch anzubieten, ergeben sich aus der unterschiedlichen

Arbeitsbereitschaft, der unterschiedlichen Produktivität und der unterschiedlichen Bereitschaft der Menschen, Dinge zu tun, für die andere freiwillig bereit sind, etwas zu geben, auch Eigentumsunterschiede.

Besonders umstritten sind weniger die Eigentumsunterschiede an sich als vielmehr die Eigentumsunterschiede bei den Produktionsmitteln. Ludwig von Mises hatte 1920 begründet, warum eine funktionierende Volkswirtschaft auch Privateigentum an Produktionskapital benötigt, beispielsweise Fabriken. Nur wenn es Privateigentum und damit eine Mehrzahl, besser noch Vielzahl an Eigentümern von Produktionskapital gibt, kann es auf den Inputmärkten, wo Unternehmer Rohstoffe, Vorprodukte und Arbeitskräfte nachfragen, Knappheitspreise geben, die auf Angebot und Nachfrage reagieren und notwendige Voraussetzung für eine rationale Ressourcenallokation sind. Der chinesische Ökonom Justin Yifu Lin, der in Peking die Regierung berät, hat darauf hingewiesen, dass bei Staatseigentum an Produktionskapital die Gefahr besteht, dass komparative Kostenvorteile systematisch vernachlässigt werden, etwa ein kapitalarmes Entwicklungsland mit kapitalintensiver Schwerindustrialisierung beginnt. Ein heimisches Beispiel für die Missachtung komparativer Kostenvorteile ist das EEG mit seiner Förderung der Solarenergie. Um der privaten Profite willen – oder anders ausgedrückt: um den Bankrott zu vermeiden – würde ein Privateigentümer von Produktionskapital es (ohne Subventionen) nicht tun.

Über Mises hinausgehend soll auch auf die politischen Konsequenzen verwiesen werden, die mit dem Privateigentum an Produktionskapital verbunden sind. Durch die Trennung von politischer und wirtschaftlicher Macht wird die Macht faktisch eingehegt. Auch diejenigen, die weder über politische noch über wirtschaftliche Macht verfügen, profitieren von der Existenz einer Vielzahl von potenziellen Arbeitgebern: Wären letztlich alle Arbeitsplätze einer Obrigkeit unterstellt, wären Kritik und Opposition gegen die Herrschenden wesentlich erschwert. Privateigentum an Produktionskapital trägt deshalb nicht nur über den Wohlstand zur späteren Demokratisierung bei, sondern auch, weil der Kapitalismus als solcher eine Voraussetzung für begrenzte und demokratische Herrschaft ist.

Das dritte zentrale Argument zugunsten einer dezentralen Wirtschaft mit privaten Unternehmen wurde 1945 publiziert und stammt von dem später mit dem Nobelpreis für Wirtschaft ausgezeichneten Ökonomen Friedrich August von Hayek. Nach Hayek gibt es nicht nur explizites Wissen, das klar formuliert ist, etwa in Büchern festgehalten und auf Universitäten vermittelbar. Es gibt auch implizites Wissen, das man beim Zusehen und bei der Arbeit erwirbt, wie das Wissen von Handwerkern. Wissen muss nicht allgemein anwendbar sein. Es gibt auch lokales Wissen. Der Einkäufer einer Firma weiß etwa, welcher Lieferant Qualitätsprodukte pünktlich liefert. An der Business School kann man zwar das Problembewusstsein dazu lernen, aber das konkrete Wissen ergibt sich aus Erfahrung. Auch Analphabeten sind Wissensträger. Bauern in Entwicklungsländern wissen aus Erfahrung, was auf welchem ihrer Felder gut wächst, wann man säen oder ernten sollte. Nach Hayek kann das auf Millionen Köpfe verstreute Wissen nur genutzt werden, wenn man den Menschen die Freiheit lässt, ihr eigenes Wissen nach eigenem Urteil zum eigenen Vorteil einzusetzen. Wissen ist nicht zentralisierbar. Aus den von Smith, Mises und Hayek genannten Gründen musste die Zentralverwaltungswirtschaft mit ihrer Entmachtung der Individuen und ihrer Machtkonzentration in der Politik bei der Befriedigung der Konsumentenwünsche versagen.

Man sollte nicht nur an die eigene Freiheit denken. Der Mensch hat nach Hayek auch ein Interesse an der Freiheit seiner Mitmenschen, jedenfalls dann, wenn sie auf den Einsatz von Betrug und Gewalt verzichten und das Eigentum anderer respektieren. Je produktiver der andere ist – ob allein oder durch Zusammenarbeit mit anderen in einem Unternehmen –, desto eher kann er für einen selbst attraktive Güter oder Dienstleistungen zu einem günstigen Preis anbieten. Wird der andere von der Obrigkeit am optimalen Einsatz seiner Kenntnisse und Fähigkeiten gehindert, schadet es allen potenziellen Tauschpartnern. Deshalb muss man davon ausgehen, dass man nicht nur von der eigenen Freiheit, sondern auch von der Freiheit der anderen profitiert. Das gilt innerhalb von Volkswirtschaften, aber auch zwischen Volkswirtschaften. Unfreie und deshalb rückständige Volkswirtschaften profitieren davon, dass es fortgeschrittenere und reichere Gesellschaften gibt. Von denen kann man Produktionstechnologien übernehmen. Imitation geht schneller als Erfindung oder Innovation. Von denen kann man überdies Organisationsmodelle für Unternehmen und Marketingverfahren übernehmen. Und die reichen Länder bieten kaufkräftige Märkte für die Produkte armer Länder.

Theorien sind Behauptungen über die Wirklichkeit. Weil Menschen sich irren können, sollten wir immer versuchen, herauszufinden, ob unsere Theorien – das gilt auch für meine auf Smith, Mises und Hayek aufbauende Erklärungsskizze zum Wert der Freiheit – mit den Beobachtungen oder Daten kompatibel sind oder nicht. Mit dem Philosophen Karl Popper kann man sagen, dass wir uns um die Falsifikation von Theorien bemühen sollten. Auch dann, wenn eine Theorie bisher nicht widerlegt worden ist, gibt uns das keine Gewissheit über den Besitz der Wahrheit. Schon morgen kann eine bisher mit den Daten kompatible Theorie von neuen Daten widerlegt werden. Die unüberwindbare Vorläufigkeit menschlicher Erkenntnisse kann kein Grund zur Zentralisierung politischer Macht sein. Denn diese Vorläufigkeit der Erkenntnisse trifft Obrigkeit und Untertan oder Politiker und Bürger gleichermaßen. Nicht im Ausmaß des Wissens oder im Grad der Ungewissheit ihres Wissens unterscheiden sich Machthaber von Otto Normalverbraucher und Lieschen Müller, sondern vor allem darin, dass Macht einem erlaubt, Widerstand zu zeigen gegen die Zumutung, aus Fehlern lernen zu sollen und diese zu korrigieren.

Der Wert der Freiheit: Etwas Empirie

Stützen beobachtbare Daten die oben vorgestellte Theorieskizze über den Wert der Freiheit und die mit Machtkonzentration verbundenen Risiken für Wohlstand und Wachstum von Nationen? Die eindrucksvollste Evidenz zugunsten des Werts der Freiheit verdanken wir einem Politiker, der nichts von Smith, Mises oder Hayek hielt, der folglich das Gegenteil von dem durchsetzte, was deren Theorien empfehlen. Im Jahre 1959 begann in China unter Mao Tse-tung der große Sprung nach vorne. Schon vorher waren in China die Bauern in Kollektive gezwungen worden. Aber die landwirtschaftlichen Produktionsgenossenschaften waren zunächst noch übersichtlich, umfassten etwa ein Dorf. In diesen Dörfern gab es einen gewissen Zusammenhalt und Solidaritätsgefühle. Manchmal empfanden die Dorfbewohner einander sogar als Verwandte. Die Beschädigung der Arbeitsanreize hielt sich noch in Grenzen. Mit dem großen Sprung wurden kleine Kollektive in große oder riesige Kollektive zusammengefasst, sogenannte Volkskommunen. Der Lebensstandard der Menschen hing nicht mehr von der eigenen Arbeit oder wenigstens der Arbeit der Nachbarn und Verwandten ab, die man kannte und beobachten konnte, sondern von den Anstrengungen einer Vielzahl von Fremden. Die Arbeitsanreize mussten leiden. Außerdem wurde das Privateigentum konsequent abgeschafft. Oft mussten die Bauern sogar privates Kochgeschirr abgeben. Mit dem Privateigentum waren auch Märkte und Preise als Knappheitsindikator abgeschafft und durch Zuteilungen ersetzt. Bäuerliches Wissen darüber, was wo und wann wächst, wurde durch Entscheidungen der Kommune und rasch wechselnde Kampagnen ersetzt. Bei der Festsetzung politischer Schulungen wurden sogar in der Erntezeit manchmal die Opportunitätskosten missachtet. Kurz: Die Einsichten von Smith, Mises und Hayek wurden mit grausiger Konsequenz missachtet. Der niederländische Historiker und Sinologe Frank Dikötter schätzt die Zahl der Opfer, meist Hungertote, in der Größenordnung von 45 Millionen von damals circa 650 Millionen Chinesen.

Zwar ist in den Human- und Sozialwissenschaften das Experiment nur selten und eher im Mikro- als im Makrobereich einsetzbar, weshalb unsere Erkenntnisse auch besonders vorläufig und fehleranfällig sind, aber verschiedene Wirtschaftssysteme in geteilten Ländern mit gleichem historischen und kulturellen Hintergrund liefern eine Approximation. Ob man Ost- und Westdeutschland vor der Wiedervereinigung, Taiwan und Festland-China vor Deng Xiaopings Reformen ab 1979 oder Nord- und Südkorea nimmt, immer findet man, dass die Wirtschaft dort produktiver und erfolgreicher bei der Versorgung der Bevölkerung mit Konsumgütern war, wo mehr wirtschaftliche Freiheit herrschte, wo Eigentumserwerb möglich war, wo es private Fabriken und sonstige Unternehmen gab, wo Knappheitspreise Einfluss auf die Ressourcenallokation hatten, wo das Wissen von Individuen und Unternehmern ohne politische Erlaubnis eingesetzt werden konnte. Die Überlegenheit des relativ freieren Systems variierte dabei von mindestens dem Faktor drei im deutschen bis zum Faktor 17 im koreanischen Falle.

Man kann gegen die bisher angeführte Evidenz einwenden, dass es sich dabei um Extremfälle handelt, dass damit nur die Grenzen der Leistungsfähigkeit totalitärer Zentralverwaltungswirtschaften aufgezeigt worden sind, dass die oben angeführte Evidenz nichts darüber aussagt, wie gut oder schlecht ein dritter Weg zwischen ungezügeltem Kapitalismus einerseits und totalitärem realem Sozialismus ist, etwa ein sozialdemokratisch gebändigter Kapitalismus. Meine Theorieskizze impliziert, dass mehr wirtschaftliche Freiheit *immer* zu mehr Wohlstand und Wachstum führt als weniger Freiheit, dass demokratischer Sozialismus zwar ein kleineres Übel als totalitäre Zentralverwaltungswirtschaft ist, aber immer noch die wirtschaftliche Freiheit zu sehr beschneidet. Um weltweite Vergleiche zwischen Wirtschaftssystemen zu ermöglichen, haben liberale Institute auf der ganzen Welt bei der Erstellung eines wirtschaftlichen Freiheitsindexes zusammengearbeitet. Weil die Beteiligten dieses Projektes als Advokaten einer kapitalistischen Wirtschaftsordnung gelten können, wie der Nobelpreisträger

Milton Friedman, kann man den Index wirtschaftlicher Freiheit auch als Kapitalismusindex ansehen. Eine Volkswirtschaft gilt nach dem Index als umso freier, je niedriger die Staatsquoten sind, je sicherer die Eigentumsrechte von Individuen und Unternehmen vor staatlichen Übergriffen sind, je weniger die Arbeitsmärkte vom Staat reguliert werden, je weniger der Staat durch eine inflationäre Politik die Menschen heimlich enteignet, je weniger der Staat durch Handelsschranken fremde Anbieter vom heimischen Markt fernhält.

Wenn die an Smith, Mises und Hayek anknüpfende Theorieskizze richtig ist, dann sollte man erwarten, dass wirtschaftlich freie Länder (operational über den Index erfasst) wohlhabender sind (operational über das Bruttoinlandsprodukt pro Kopf erfasst) und schneller wachsen. Von der kausalen Theorie darf man zwar Erwartungen über Korrelationen ableiten, aber man muss wissen, dass immer auch alternative Erklärungen für eine Korrelation möglich sind. Die Korrelation zwischen Wohlstand und wirtschaftlicher Freiheit muss nicht deshalb zustande kommen, weil Freiheit zu Wohlstand führt. Denkbar wäre auch, dass Wohlstand Voraussetzung für die Durchsetzbarkeit wirtschaftlicher Freiheit ist. Die einfachste Möglichkeit, um derartige Einwände zu entkräften, besteht darin, dass man die behauptete Ursache (hier: wirtschaftliche Freiheit) vor der behaupteten Wirkung (hier: Wohlstand oder Wachstum) erfasst. Denkbar ist auch, dass Drittvariablen für eine Korrelation verantwortlich sind. Vielleicht lassen sich bei einer besser ausgebildeten Bevölkerung (im Jargon der Ökonomen: besser mit Humankapital ausgestatteten Volkswirtschaft) leichter wirtschaftliche Freiheiten durchsetzen und außerdem Wohlstand und Wachstum erreichen.

An dieser Stelle will ich die Andeutung der technischen Probleme ökonometrischer Forschung abbrechen und nur zusammenfassend feststellen, dass der Streit unter Fachleuten nur noch darum geht, ob wirtschaftliche Freiheit als Ausgangsniveau oder als Verbesserung der Freiheit die stärkere Determinante von Wirtschaftswachstum und damit auf lange Sicht von Wohlstand ist. Außerdem gilt, dass nicht nur die Durchschnittseinkommen, sondern auch die des ärmsten Zehntels der Bevölkerung mit zunehmender wirtschaftlicher Freiheit steigen, dass aber kein Zusammenhang zwischen wirtschaftlicher Freiheit (Synonym für Kapitalismus) und Ungleichheit besteht. Diese Befunde widersprechen der These diametral, dass der Kapitalismus mit Ungleichheit und Ausbeutung der Ärmsten verbunden ist.

Oben ist in Anlehnung an Hayek schon die These vertreten worden, dass wirtschaftliche Freiheit nicht nur denen nützt, die sie dank begrenzter Staatstätigkeit genießen dürfen, sondern auch denen, deren Regierung sie ihnen vorenthält beziehungsweise nur in geringem Ausmaß zugesteht. Nach der oben entwickelten Theorieskizze gilt, dass wirtschaftliche Freiheit produktiv ist und *deswegen* der Westen reicher als der Rest der Welt ist. Von einigen Ölländern mit wenig Bevölkerung kann abgesehen werden, weil dort der Reichtum nicht erarbeitet werden muss. Die Eingrenzung der Staatstätigkeit und die Durchsetzung der wirtschaftlichen Freiheit im Westen haben im 19. Jahrhundert die Durchsetzung einer kapitalistischen Wirtschaftsordnung erlaubt und danach die erstmalige Überwindung der Massenarmut. Die wirtschaftliche Freiheit des Westens ist die Voraussetzung dafür, dass Entwicklungsländer heute schneller wachsen können, als die westlichen Länder damals wachsen konnten, als sie ungefähr auf dem Niveau heutiger Entwicklungsländer waren. Entwicklungsländer können auch schneller wachsen als fortgeschrittene oder reiche Länder, die neue Produktionstechnologien oder Organisationsmodelle für Unternehmen selbst erfinden müssen, statt sie von fremden Vorbildern übernehmen zu können. Je unterentwickelter, rückständiger oder ärmer ein Land ist, desto eher genießt es Vorteile der Rückständigkeit und kann entsprechend wachsen. Das ist der am besten abgesicherte Befund der ökonometrischen und international vergleichenden Wachstumsforschung.

Wachstumschancen sind noch kein Wachstum. Inkompetente Wirtschaftspolitik (Enteignungen, Inflation, Korruption), wie etwa unter Robert Mugabe in Simbabwe, kann sogar negative Wachstumsraten erreichen. Vor allem ostasiatische Volkswirtschaften – zunächst Süd-korea, Taiwan, Hongkong und Singapur, dann Thailand und Malaysia, seit 1979 China, später auch Vietnam – haben durch exportorientiertes Wachstum ihren Lebensstandard gewaltig verbessern und vereinzelt sogar den Westen schon einholen können. Eigentlich gibt es nicht nur einen einfachen Vorteil der Rückständigkeit, sondern einen doppel-ten. Denn die armen Länder können nicht nur dank der Existenz von Freiheit und Wohlstand im Westen schneller als der Westen früher oder heute wachsen. Sie können auch von der medizinischen For-schung im Westen profitieren, weshalb bei gleichem kaufkraftbereinig-ten Einkommen die Menschen heute schon in *halbwegs* gut regierten Ländern (wie China oder Vietnam, nicht aber Nordkorea) wesentlich älter werden als die Europäer früher. Die Lebenserwartung der Men-schen hat sich wegen der Diffusion medizinischer Kenntnisse vom Westen in den Rest der Welt zunehmend angenähert.

Weil hier die Vorteile der Rückständigkeit für Entwicklungsländer als externer Effekt der westlichen Freiheit und des westlichen Wohl-stands aufgefasst werden, weil hier die Ungleichheit der Pro-Kopf-Einkommen zwischen den Ländern als Voraussetzung für die Vorteile der Rückständigkeit und Wachstumschancen der Entwicklungsländer gilt, muss noch skizziert werden, warum sich Grenzen der Staatstätig-keit beziehungsweise wirtschaftliche Freiheit für die Untertanen in Europa und dem Westen schon vor der Demokratie langsam durch-setzen ließen. Vor ungefähr 1000 Jahren war Westeuropa technolo-gisch, wissenschaftlich und wirtschaftlich weniger entwickelt als große Teile Asiens. Für manche Universalhistoriker ist unser Mittelalter das Zeitalter der chinesischen Suprematie. Noch vor 500 Jahren, im Zeit-alter der Renaissance, waren China, Indien, der islamische Raum und Westeuropa annähernd gleichermaßen entwickelt.

Der bedeutsamste Unterschied zwischen Europa und den asiati-schen Hochkulturen waren die Großflächigkeit der asiatischen und die Kleinflächigkeit der europäischen politischen Einheiten. Während die chinesische Zivilisation in langen Phasen ihrer Geschichte in einem

Kaiserreich geeint war, herrschte in Europa Kleinflächigkeit. Da gab es Kleinstaaten, wie die Niederlande, die Schweiz, Württemberg oder Sachsen. Je großflächiger ein Staat ist, desto geringer sind die Exit-Chancen der Untertanen. Reiche Kaufleute konnten in Europa die Herrschaftsgebiete besonders räuberischer Fürsten umgehen. Das zwang die europäischen Herrscher zu einer gewissen Anerkennung der Eigentumsrechte der Untertanen, während asiatische Herrscher ihren konfiskatorischen Neigungen freien Lauf lassen konnten. Europäische Herrscher waren nicht besser oder tugendhafter als die asiatischen, aber ihre Rivalität untereinander und die Kleinflächigkeit ihrer Herrschaftsgebiete zwang sie zur Rücksichtnahme auf die Untertanen und deren Eigentumsrechte. Die territoriale Zersplitterung in Europa wurde ergänzt durch die Existenz freier und wehrhafter Städte, die es in Asien nicht gab und die sogar entlaufenen Leibeigenen eine Exit-Chance gaben. Schließlich trugen die Rivalität zwischen Kaiser und Papst und nach der Reformation die Spaltung des Christentums in mehrere Kirchen und Sekten dazu bei, dass in Europa keine kontinentale und geeinte herrschende Klasse entstehen konnte. Kurz: *Europas Uneinigkeit* hat zwar zu einer Vielzahl von blutigen Kriegen beigetragen, aber auch die herrschenden Klassen gezwungen, Eigentumsrechte der Untertanen anzuerkennen und ihnen zunehmend Freiheitsrechte zuzugestehen. Kleinflächigkeit und Rivalität der Fürstentümer waren Vorläufer von und Anstoß zur Gewaltenteilung und Entstehung von Rechtsstaaten.

Von der globalen Ungleichheit profitieren

Wirtschaftliche Freiheit ist produktiv. Sie setzt private Eigentumsrechte als Arbeitsanreiz und Voraussetzung für Knappheitspreise und eine rationale Ressourcenallokation voraus. Sie ermöglicht die Nutzung des auf Millionen Köpfe verteilten Wissens, das teilweise explizit, teilweise implizit, teilweise universal, teilweise lokal ist. Wirtschaftliche

Freiheit ist nicht ohne begrenzte Staatstätigkeit denkbar. Wirtschaftliche Freiheit konnte in Europa zuerst dank seiner politischen Uneinigkeit (kleinflächige Fürstentümer, autonome Städte, Rivalität geistlicher und weltlicher Gewalt) entstehen. Freiheit ermöglicht Wohlstand und Wachstum. Sie nützt nicht nur denen, die sie genießen, sondern auch denen, denen sie noch vorenthalten wird. Dank der früheren Durchsetzung wirtschaftlicher Freiheit und sicherer Eigentumsrechte in Europa und dem Westen konnte der Westen andere Hochkulturen und Zivilisationen im 19. und 20. Jahrhundert weit hinter sich lassen.

Seit dem Ende des 20. Jahrhunderts wachsen viele Entwicklungsländer schneller als viele westliche Länder. Vor allem bevölkerungsstarke asiatische Länder haben die Vorteile der Rückständigkeit ausgebeutet. Sie profitieren von der globalen Ungleichheit. Die Globalisierung sollte dabei als Export des kapitalistischen Wirtschaftssystems beziehungsweise der wirtschaftlichen Freiheit vom Westen in den Rest der Welt verstanden werden. Obwohl in den letzten Jahrzehnten die Einkommensverteilung *innerhalb* vieler Staaten ungleicher geworden ist – vor allem wegen der technologischen Entwicklung, sekundär wohl auch wegen der Globalisierung –, hat die Abnahme der Ungleichheit zwischen den (nach Bevölkerungsstärke gewichteten) Staaten dazu geführt, dass die Ungleichheit *zwischen* den Menschen der Welt eher ab- als zugenommen hat, dass Hunderte von Millionen Menschen quälender Armut entkommen konnten.

Die wirtschaftliche Freiheit ist heute im Westen gefährdet, wie man an steigenden Staatsquoten ablesen kann. Am Anfang des 20. Jahrhunderts betrugen die Staatsquoten in vielen westlichen Gesellschaften annähernd zehn Prozent, am Ende des 20. Jahrhunderts eher 50 Prozent. Auch die Struktur der Staatsausgaben hat sich geändert, vor allem in Europa. Es dominieren nicht mehr die Militärausgaben, sondern die Sozialtransfers. Schlimmer noch: Gleichzeitig mit der Ausweitung der Sozialleistungen sind seit den 1960er-Jahren die Staatsschulden in ergrauenden westlichen Gesellschaften gestiegen. Aus drei Gründen sind künftig im Westen abnehmende Wachstumsraten zu erwarten:

wegen der hohen Staats- und Transferquoten, wegen der hohen Staatsschulden und wegen der zunehmenden Überalterung. Selbst die Einigung Europas im Rahmen der Europäischen Union und der Eurozone verspricht trotz des segensreichen Binnenmarktes auch Gefahren für die wirtschaftliche Freiheit. Mit etwa sieben Prozent der Weltbevölkerung, circa 25 Prozent der Weltproduktion und ungefähr 50 Prozent der globalen Sozialleistungen sollte sich das alternde Europa nicht erlauben, auch noch im kontinentalen Maßstab eine Transfergemeinschaft zu werden, also eine zweite Etage des Sozialstaates aufzubauen, in der von Nord nach Süd umverteilt wird.

Regina Schmeken

Glamour

Fotonachweis

Seite 89:   Brasilien, São Paulo, Juli 2014
Seite 90/91: Brasilien, Rio de Janeiro, Juni 2014
Seite 92/93: Brasilien, São Paulo, Juli 2014
Seite 94/95: Brasilien, São Paulo, Juli 2014
Seite 96/97: Brasilien, Brasilia, Juli 2014
Seite 98/99: Brasilien, Salvador de Bahia, Juni 2014

Elmar Altvater
Die Dialektik der Ausbeutung
Ohne Ausbeutung keine Moderne,
mit Ausbeutung keine Zukunft

Zur Ausbeutung gehören mindestens zwei: einer, der ausbeutet, und ein anderer, der ausgebeutet wird. Herrschaft und Ungleichheit der sozialen Lage in der Gesellschaft sind daher eine notwendige Bedingung dafür, dass ein Ausbeutungsverhältnis zustande kommt. Auch die Freiheit, ausbeuten zu können und zu dürfen, muss gegeben sein. Das müssen Sitte und Anstand, die Rechtsordnung und die ökonomischen Verhältnisse zulassen. Insofern ist der kakofonische Dreiklang dieses *Kursbuches* »Freiheit, Gleichheit, Ausbeutung« nur einer, wenn man statt Gleichheit die Ungleichheit setzt: Ungleichheit von Einkommen und Vermögen, von Einfluss und Macht.

Dass in der heutigen Welt die Ungleichheit extrem ist, pfeifen die Spatzen von den Dächern. Einer der Spatzen ist Philip Vermeulen von der Europäischen Zentralbank (EZB), der die Vermögen der Topverdiener beiderseits des Atlantiks berechnet hat und feststellen musste, dass deren Vermögen noch ungleicher verteilt sind als bisher angenommen. Das reichste Prozent der Deutschen besitzt ein Drittel der Vermögenswerte, die reichsten fünf Prozent mehr als die Hälfte. In den USA sind die Verhältnisse noch gegensätzlicher.[1] Ein anderer Twitter-Spatz, die Schweizer Megabank UBS, findet heraus, dass etwa 18 000 Superreiche in der Welt ein Geldvermögen von 2300 Milliarden Euro ihr Eigen nennen – Sachvermögen, Kunstschätze oder sogenanntes Humankapital nicht mitgerechnet. Interesse haben die Banker daran jedoch nur bedingt, genauso wenig wie an der Tatsache, dass 3,5 Milliarden Menschen so viele Milliarden ihr Eigen nennen können wie gerade einmal 85 superreiche Vermögensweltrekordhalter. Denn die vermögensverwaltenden Banker sind auf der rastlosen Suche nach lockeren, zum Zocken aufgelegten Milliarden, die sie in ihre mehr oder weniger ehrbaren, halb- oder auch nur achtellegalen Angebote für Kapitalanlagen lenken können, um vom Reichtum der Superreichen nicht nur Brosamen, sondern einen gehörigen Batzen abzubekommen. Wo der Reichtum auf Hochglanz poliert wird, nimmt man der Armut noch die Würde. Eine aktuelle Beschreibung aus der Hotellerie lässt das hässliche Gesicht der Ungleichheit erkennen. So schreibt Stefanie Hirsbrunner in ihrem Buch *Hotel Fünf Sterne. Reichtum, Macht und die Leiden einer jungen Angestellten*:»Als Servicemitarbeiter in der Fünf-Sterne-Gastronomie lebten wir dafür, den Reichen und Superreichen dieser Welt ein Sorglosleben zu ermöglichen. (…) Wir Hotel-Angestellten waren durch unsere Mittellosigkeit, aber auch durch unser Eingebundensein in strenge Hierarchien und feste Dienstpläne ganz besonders unfrei. (…) Während unsere Gäste die große weite Welt, das Reisen in ferne Länder sowie die individuelle Freiheit repräsentierten, musste ich oft sogar darum bitten, während des Dienstes auf die Toilette gehen zu dürfen.« Als die New Economy in den USA vor mehr als einem Jahrzehnt ihren Hype erlebte, konnte man ähnlich deprimierende Berichte lesen, von Kassiererinnen beispielsweise, die in Windeln an der Kasse standen, weil ihnen vom Management der Luxus einer Pinkelpause nicht vergönnt war.

Marx schreibt schon über die große Industrie seiner Zeit, dass dem Kapital die selbstverständlichsten Gesetze der Körperpflege abgerungen werden müssen:»Was könnte die kapitalistische Produktionsweise besser charakterisieren als die Notwendigkeit, ihr durch Zwangsgesetz von Staats wegen die einfachsten Reinlichkeits- und Gesundheitsvorrichtungen aufzuherrschen?«[2] Die Staatseinmischung mithilfe der Fabrikgesetzgebung ist im England des 19. Jahrhunderts gegen die kapitalistische Barbarei ein zivilisierender Akt, der von den Kapitalvertretern als Eingriff in die Freiheit des Unternehmers heftig attackiert wurde.

An den frühkapitalistischen Zuständen hat sich auch im hochmodernen Turbokapitalismus nichts Grundlegendes geändert. Im Juli 2013 starben in Bangladesch 1132 Menschen, vor allem Frauen, als ein Fabrikgebäude einstürzte, wo unter erbärmlichen Umständen Kleidung für die europäischen und US-amerikanischen Handelsketten und deren konsumierende Kundschaft billigst produziert wurde – und auch nach dem Desaster weiter produziert wird. Auch heute sind gesellschaftliche und staatliche Eingriffe in die »Satansmühle« der Ausbeutung ebenso notwendig, wie sie ideologisch und politisch bekämpft werden.

Der Begriff »Satansmühle« stammt von Karl Polany. Der ungarischösterreichische Wirtschaftshistoriker beschreibt die »große Transformation« zur kapitalistischen Marktwirtschaft im 18. und 19. Jahrhundert in England und dann weltweit als Prozess der »Entbettung des Marktes aus der Gesellschaft«. Der Arbeitskraft wird nun der Schutz gegen die Ausbeutung genommen, die durch die Unterbietungskonkurrenz bei den Arbeitskosten immer weiter verschärft wird und jedes Maß verliert. Die Lohnabhängigen müssen dann organisiert darum kämpfen, in der Satansmühle von Arbeitsmarkt und industrieller Ausbeutung nicht aufgerieben zu werden.

Die Normalität der Ausbeutung des industriellen Proletariats hatte Rosa Luxemburg im Sinn, als sie der Dialektik von Freiheit und Gleichheit mit den Worten Ausdruck verlieh: »Freiheit ohne Gleichheit ist Ausbeutung, Gleichheit ohne Freiheit ist Unterdrückung.« Oskar Lafontaine hat diese Worte oft zitiert, manchmal als deutsch-deutsche Zuspitzung. Die DDR war für ihn »ein Staat, in dem Gleichheit ohne Freiheit herrschte«. Das führe zur Unterdrückung. Während in der Bundesrepublik, in der es Freiheit ohne Gleichheit gebe, die Ausbeutung dominiere. Man könnte auch sagen, hier prallen Politik der Freiheit und Ökonomie der Ungleichheit unmoderiert aufeinander. Die Auswüchse der Freiheit zur Ausbeutung können nur von sozialen Bewegungen bekämpft werden, im Arbeitsleben und in der Wirtschaftswelt in erster Linie von den Gewerkschaften. Das, was sie erkämpfen, muss in staatlich garantierte Regeln und Gesetze umgewandelt werden. Der Reformismus kann loslegen. Erst kämpfen soziale Bewegungen gegen die Ausbeutung. Sind sie erfolgreich, müssen sie die Erfolge sichern, durch »Eintritt der Massen in den Staat« und durch Mitwirkung bei der Sicherung einer Ordnung der »Normalität der Ausbeutung«.

Ausbeutung ist älter als der Kapitalismus

Das ist klare Kante und verdeutlicht den kniffligen Zusammenhang von Freiheit, Gleichheit, Unterdrückung und Ausbeutung im Kapitalismus der Gegenwart. Doch ist davon die Geschichte der Menschheit insgesamt gekennzeichnet und nicht erst die des modernen Kapitalismus. Viele große Geister haben sich seit Jahrhunderten daran abgearbeitet, die Verhältnisse kritisiert und Vorschläge zur Überwindung von Ausbeutung und Unterdrückung gemacht. Manche erlangten historischen Einfluss, wie Aristoteles' Kritik an der Spaltung der Gesellschaften in Gläubiger und Schuldner. Wenn das Geld zum Bindemittel zwischen ihnen wird, müssen die einen den Schuldendienst leisten, damit die anderen ihre Geldvermögen mehren können. Das Bindemittel wird ein Spaltpilz. Hier ist Gleichheit ausgeschlossen, Ungleichheit ist für die Funktionsweise des Systems funktional und daher ohne Systemveränderung nicht zu bekämpfen, zumal die Ungleichheit durch den Mechanismus von Zinsen und Zinseszinsen immer größer wird – so groß, dass sie als ungerecht empfunden wird. Das führt zur Empörung, zum Konflikt, sogar zum Bürgerkrieg. Deshalb war Aristoteles voll des Lobes über Solon, der Athen 594 vor unserer Zeitrechnung nicht nur eine politische Verfassung gab, sondern den Frieden, indem er für die Entschuldung der Bürger sorgte, für die sogenannte Lastenabschüttelung. Er bereitete der finanziellen Ausbeutung mit der Schuldenstreichung ein Ende. Da »Geld keine Jungen bekommt«, sprach Aristoteles sich grundsätzlich gegen Zinszahlungen und die daraus resultierende geometrische Erhöhung der Geldvermögen aus. Die Gleichheit der Lebenslagen gilt es gegen die harten Zwänge der Schaffung und Vergrößerung der Ungleichheit in der Gesellschaft zu verteidigen.

Das Zinsverbot wurde vom katholischen Christentum und auch vom Islam übernommen. Dort hat es bis heute formell Gültigkeit. Doch pfiffige Muslime haben das Islamic Banking erfunden, Bankgeschäfte ohne Zinsen, das auch Christenmenschen und deren Banken als profitables Geschäftsmodell entdeckt haben. Das ist eine Camouflage, mit der ordinäre Profitmacherei und Zinsschneiderei hinter einem Schleier von Beteiligungen und Partnerschaften versteckt werden können. Ursprünglich hatte das Zinsverbot seinen Sinn: Es diente dem Selbstschutz der Gesellschaften vor den Furien des Zinseszinses, der immerwährenden Steigerung und Beschleunigung, die Natur und Gesellschaft kaputt machen. Erst Papst Pius VIII. hob es am 18. August 1830 per päpstlichem Edikt formell auf, nachdem es seine praktische Relevanz informell durch die in der Christenheit geächtete und dennoch verbreitete Wucherei verloren hatte.

Mit der Renaissance in Europa endete eine lange Phase der Stagnation. Die Produktivität der Arbeit konnte gesteigert werden, schon bevor dann im 18. Jahrhundert mithilfe der fossilen Energieträger und der ihnen angemessenen Technik und Organisation die wirtschaftlichen Wachstumsraten der Wirtschaft nach oben gejagt wurden – in den Jahren 1820 bis 1998 von nahezu null auf durchschnittliche satte 2,2 Prozent pro Kopf und Jahr. Das hat der norwegische Wirtschaftsstatistiker Angus Maddison im Auftrag der Organisation für wirtschaftliche Zusammenarbeit und Entwicklung (OECD) in einer »Millenniumsstudie« zum Jahrtausendwechsel 2000 ausgerechnet. Jede Generation wurde nun dank des realen Wachstums doppelt so reich wie die vorangegangene. Dies hat das Verhältnis zu Technik, Innovationen, Produktivitätssteigerung und Wachstum auf den Kopf gestellt. Heute gibt es Innovationszirkel und Innovationsmessen und ein Wachstumsbeschleunigungsgesetz. Wachstum ist ein Fetisch.

Noch Ende des 16. Jahrhunderts wurden innovationsfreudige Menschen gnadenlos verfolgt. Marx zitiert im *Kapital* aus einer Schrift des italienischen Abbé Lancellotti. Der Stadtrat von Danzig war besorgt, »eine sehr künstliche Maschine, die vier bis sechs Gewebe auf einmal verfertigte, möchte eine Masse Arbeiter zu Bettlern machen. Um dies zu verhindern, habe er die Erfindung unterdrückt und den Erfinder heimlich ersticken oder ersäufen lassen.«[3] In den USA haben gegen Ende des 19. Jahrhunderts Fuhrleute die Holzbrücken der konkurrierenden Eisenbahn abgebrannt. Das war der Grund, die Brücken als Eisenkonstruktionen neu zu bauen. Der Widerstand gegen Neuerungen provozierte also einen Innovationsschub. Die Produktivität konnte unaufhaltsam steigen, und daher fiel es nicht mehr schwer, positive Realzinsen zu zahlen, sofern diese unterhalb der Wachstumsrate der Wirtschaft und der Profitrate auf realwirtschaftliche Kapitalinvestitionen gehalten werden konnten. Das Thema Ausbeutung verschwand hinter dieser keynesianischen Bedingung, die zumindest in den »Trente Glorieuses«, den 30 goldenen Jahren in den Staaten der westlichen Welt, eingehalten werden konnte.

Realzinsen als Aufputschdroge

Das Zinsverbot hatte seinen sozialen und ökonomischen Sinn verloren, als das reale Wachstum infolge des bis dato nicht möglichen Produktivitätsanstiegs angehoben werden konnte. Im Gegenteil: Zinsen werden nun als eine »monetäre Budgetrestriktion« interpretiert, die dazu zwingt, einen Überschuss zu produzieren, Mehrwert zu hecken, Profit zu machen, die Ausbeutung der Arbeitskraft voranzutreiben, sonst wird man die Schulden, die zur Finanzierung von Investitionen gemacht worden sind, nicht tragen können. Ausbeutung ist nun auf einmal nichts Negatives, ist normal und hat sogar positive Wirkungen. Das Wachstum wird gesteigert, wenn die Überschüsse, die durch Ausbeutung zustande kommen, zunehmen. Effizienz und Wettbewerbsfähigkeit verbessern sich, wenn der Druck der Zinsen groß genug ist. Der Kapitalismus kommt richtig in Fahrt, und die positiven Realzinsen sind dabei eine Aufputschdroge, die der Vatikan im Jahr des Herrn 1830 freigegeben hatte. Nun kommen neunmalkluge Ideologen von freier Marktwirtschaft und freiem Unternehmertum daher und preisen Innovationskraft und Dynamik der kapitalistischen Marktwirtschaft. Innovationen, die es in den »zinslosen Jahrhunderten« kaum gegeben hatte, bescheren jeden Tag eine »schöpferische Zerstörung«, die der österreichische Ökonom Joseph A. Schumpeter als Motor des Fortschritts bejubelte. Der Islam hingegen, so heißt es, habe seine Dynamik und Innovationskraft, die er im frühen Mittelalter besaß – Granada, Córdoba oder Sevilla zeugen davon – verloren, weil er das Zinsverbot aufrechterhielt.

Wirtschaftliche Ausbeutung ist also in dieser Erzählung die Begleiterscheinung, ja die Bedingung des gesellschaftlichen Fortschritts. Es ist zwar einfach, sich gegen Ausbeutung und Unterdrückung in die Brust zu werfen. Alle Edlen spenden Beifall. Papst Franziskus geißelt sie in seinem Apostolischen Schreiben *Evangelii Gaudium* von 2013: »Ebenso wie das Gebot ›du sollst nicht töten‹ eine deutliche Grenze setzt, um den Wert des menschlichen Lebens zu sichern, müssen wir heute ein ›Nein zu einer Wirtschaft der Ausschließung und der Disparität der Einkommen‹ sagen. Diese Wirtschaft tötet. Es ist unglaublich, dass es kein Aufsehen erregt, wenn ein alter Mann, der gezwungen ist, auf der Straße zu leben, erfriert, während eine Baisse um zwei Punkte in der Börse Schlagzeilen macht. Das ist Ausschließung. Als Folge dieser Situation sehen sich große Massen der Bevölkerung ausgeschlossen und an den Rand gedrängt: ohne Arbeit, ohne Aussichten, ohne Ausweg.«

Wenn schon der Papst gegen Ausschließung wettert, kann es nicht falsch sein, ein Projekt inklusive Website zu »inclusive growth« zu starten, wie es OECD oder Weltbank getan haben. Ob auf diesem Weg aber die Ausbeutung abgeschafft werden kann, ist mehr als fraglich. Denn ohne Ausbeutung gäbe es die kapitalistische Moderne nicht, deren Errungenschaften so dringend gebraucht werden, um die Folgen von Ausbeutung und Exklusion abzumildern. Also müssten die Vertreter der »inclusive growth«-Idee das kapitalistische Wachstum, also die Akkumulation von Kapital infrage stellen, was sie aber tunlichst vermeiden. Da liegen sie auf einer Linie mit den Aktivisten der »degrowth«-Bewegung, die ebenfalls an den Verhältnissen, in denen Wachstum als Akkumulation von Kapital erfolgt, nichts ändern wollen, wenn dieses denn »grün« ist, also in Bereichen stattfindet, die als ökologisch unbedenklich oder gar fortschrittlich gelten: mehr erneuerbare Energien, Erhöhung des Anteils von Recycling, klimafreundlich.

Nicht ausgebeutet zu werden ist schlimmer,
als ausgebeutet zu werden

Wäre die Moderne ohne Mehrarbeit, ohne Ausbeutung von Menschen und Naturressourcen durch das Kapital überhaupt zustande gekommen? Wäre der zivilisatorische Fortschritt nicht unterbunden worden, wenn das Mehrprodukt nicht für Sakralbauten, Literatur, Künste und Wissenschaft, für politische Verwaltung und polizeiliche und militärische Herrschaftsinstitutionen abgezweigt worden wäre, für Symbole, Mechanismen und Instrumente der Ausbeutung und Unterdrückung und daher für Methoden der Produktion von Ungleichheit? Ausbeutung ist, so betrachtet, eine Bedingung der Moderne, also nicht erst eine unvermeidliche Seite der kapitalistischen Entwicklung. Gleichgültig, in welcher sozialen und ökonomischen Formation sie stattfindet, sie erfordert ein Mindestmaß an Produktivität der Arbeit. Es muss möglich sein, mehr zu produzieren, als der Produzent für die eigene Reproduktion benötigt. Das ist eine banale Erkenntnis. »Braucht der Arbeiter alle seine Zeit«, so heißt es bei Marx, »um die zur Erhaltung seiner selbst und seiner Race nötigen Lebensmittel zu produzieren, so bleibt ihm keine Zeit, um unentgeltlich für dritte Personen zu arbeiten. Ohne einen gewissen Produktivitätsgrad der Arbeit keine solche disponible Zeit für den Arbeiter, ohne solche überschüssige Zeit keine Mehrarbeit und daher keine Kapitalisten, aber auch keine Sklavenhalter, keine Feudalbarone, in einem Wort keine Großbesitzerklasse.«[4] Das heißt nichts anderes, als dass Ausbeutung erst spät ein Tatbestand der menschlichen Entwicklung wird, wohl erst seit der neolithischen Revolution vor etwa 8000 Jahren, doch lange bevor die »ursprüngliche Akkumulation des Kapitals« beginnt.

Marx begnügt sich nicht mit dieser allgemeinen Feststellung der Produktivitätsentwicklung als eines zivilisatorischen Minimums, denn »hier wie überall muss man unterscheiden zwischen der größeren Produktivität, die der Entwicklung des gesellschaftlichen Produktionsprozesses, und der größeren Produktivität, die seiner kapitalistischen Ausbeutung geschuldet ist«.[5] Die kapitalistische Form der Ausbeutung verlangt auf jeden Fall eine quantitative Steigerung und die qualitative Verwandlung in die Form des Profits, der sich als Profitrate am vorgeschossenen Kapital bemisst.

Das ist die Basis für die Selbstbezüglichkeit der kapitalistischen, marktwirtschaftlichen Moderne, auch für den heute so bezeichneten Wachstumsfetischismus. Mehrarbeit ist die reale Grundlage dieser Rationalität der Steigerung. »Nur die Form, worin diese Mehrarbeit dem unmittelbaren Produzenten, dem Arbeiter, abgepresst wird, unterscheidet die ökonomischen Gesellschaftsformationen, zum Beispiel die Gesellschaft der Sklaverei von der der Lohnarbeit«[6] – oder von der feudalen Leibeigenschaft.

Die Sklaverei ist die roheste Form der Abpressung des Mehrprodukts. Nicht nur das Produkt der Arbeit wird vom Herrn angeeignet und als Ware auf den Markt geworfen, sondern der Produzent des Produkts auch, als Sklave nämlich. Er wird gekauft, um dem Sklavenhalter das Mehrprodukt zu produzieren. Er kann verkauft werden, denn er ist unfrei. In der späteren Leibeigenschaft kann der Leibeigene zwar nicht mehr verkauft, aber zu Frondiensten für den Landeigner verpflichtet werden, dessen Land der Leibeigene bewirtschaftet. Der Leibeigene ist ebenso wenig frei wie der Sklave. Er ist ausgebeutet, unterdrückt, der Gewalt derjenigen ausgesetzt, die über die Mittel der Herrschaft verfügen. Ganz anders ist dies in der kapitalistischen Produktionsweise. Der Lohnarbeiter ist frei, sogar doppelt frei, wie Marx hervorhebt. Er ist frei von Produktionsmitteln, muss sich aber eben deshalb den Sachzwängen des Marktes aussetzen und als freier Mensch seine Arbeitskraft an diejenigen verkaufen, die über die Produktionsmittel verfügen. Solange die Sachzwänge des Marktes wirksam sind, können die angeblich freien Lohnarbeiter ihre Freiheit nur so nutzen, dass sie von den Produktionsmittelbesitzern, vulgo Kapitalisten, ausgebeutet werden können. Ausbeutung ist so betrachtet ein Positivsummenspiel, alle gewinnen. Die Lohnabhängigen haben einen Job und das entsprechende Lohneinkommen. Die Kapitalisten bekommen als Gegenleistung das Produkt der Arbeit, das auf dem Markt zu Geld gemacht werden kann einschließlich des darin enthaltenen Mehrwerts, den sie als Profit einstreichen. Alle Beteiligten können zufrieden sein und wie Rosa Luxemburg und später auch die britische Ökonomin Joan Robinson zu dem Ergebnis gelangen, dass nur eines schlimmer ist, als vom Kapital ausgebeutet zu werden: von ihm nicht ausgebeutet zu werden.

Informell, prekär und ausgebeutet

Viele der Milliarden Armen und Arbeitslosen in der Welt werden das als blanken Zynismus wahrnehmen, der aber Rosa Luxemburg und auch Joan Robinson fernlag. Sie kannten nur die formelle Arbeit in den verschiedenen Branchen der industrialisierten Gesellschaften. Die heutige Vielfalt der informellen, auch prekären Arbeitsverhältnisse konnten sie nicht erahnen. Denn der Begriff der »informellen Arbeit« wurde erst zu Beginn der 1970er-Jahre erfunden, weil die Erwartungen der Modernisierung (»wie im Westen, so auf Erden«) und der damit entstehenden formellen Arbeitsverhältnisse einer modernen Industriegesellschaft in den Entwicklungsländern nicht erfüllt wurden. Die vielen in der Landwirtschaft entwurzelten Menschen fanden in den modernen Sektoren der Ökonomie keine Arbeit, waren aber trotzdem nicht arbeitslos, sondern »informell«, wie der von der Internationalen Arbeitsorganisation (ILO) erfundene Hilfsbegriff hieß. Also beschäftigt ohne Arbeitsvertrag, unterbezahlt, technisch schlecht ausgerüstet, ohne Arbeits- und Kündigungsschutz, als Straßenhändler, in kleinen Klitschen, unter der Fuchtel von Haushaltsvorständen, also in vieler Hinsicht ausgebeutet.

Inzwischen ist Informalität paradoxerweise die Normalität des Arbeitslebens für eine Mehrheit der Lohnabhängigen in der Welt. Die ILO präsentiert in den *Global Employment Trends* 2014 Daten. Danach sind in Afrika zwischen 25 und 65 Prozent der Arbeitskräfte informell beschäftigt. In Asien sind es zwischen 30 und 70 Prozent, in Lateinamerika zwischen 25 und 70 Prozent, in Ost- und Mitteleuropa einschließlich der ehemaligen Sowjetunion sind es zwischen zehn und 30 Prozent.[7] Auch hier nehmen die prekären Arbeitsverhältnisse zu und müssen nicht erst in den Statistiken dokumentiert werden. Sie sind auf den Straßen der Innenstädte Deutschlands oder der USA und Griechenlands sichtbar.

Dafür haben der Papst ebenso wie die moderne Soziologie den Begriff der Exklusion parat, der den der Ausbeutung mehr und mehr ersetzt, weil die Zahl der aus der Formalität der Arbeit in die Informalität Exkludierten zunimmt. Damit verschiebt sich der Diskurs. Ausbeutung ist eine Kategorie, die ohne expliziten Rekurs auf die Klassenspaltung der kapitalistischen Gesellschaft nicht auskommt. Denn Ausbeutung ist ein soziales Verhältnis, in dem, und damit begann dieser Essay, die einen ausbeuten und die anderen ausgebeutet werden. Die Gesellschaft wird also binär codiert, nur dann macht der Begriff der Ausbeutung Sinn. Exklusion hingegen ist ein Begriff in einem Gesellschaftsverständnis, das von einer Sammlung von Individuen ausgeht, die alle im Prinzip inkludiert werden können, und von denen einige aus Gründen des Platzmangels oder als Folge von änderbaren Zuschreibungen ihren Platz noch nicht gefunden haben. In einer Situation wie dieser kann die Kirche hilfreich sein. Man braucht ja, ganz anders als Klassenkämpfer dies sehen, das System nicht grundsätzlich zu ändern, man muss es nur inklusiv gestalten, und man muss »Platz für alle schaffen«.

Das ist denn auch der Grund für die vielen »inclusive growth«-Initiativen. Sie versprechen eine Verbindung von Wachstum und Gerechtigkeit und vermeiden es, sich mit den modernen Formen der Ausbeutung auseinanderzusetzen und dafür Lösungen zu entwickeln. Es kann alles so bleiben, wie es ist: »Der Arbeiter selbst produziert ... beständig den objektiven Reichtum als Kapital, ihm fremde, ihn beherrschende und ausbeutende Macht, und der Kapitalist produziert ebenso beständig die Arbeitskraft als subjektive, von ihren eignen Vergegenständlichungs- und Verwirklichungsmitteln getrennte, abstrakte, in der bloßen Leiblichkeit des Arbeiters existierende Reichtumsquelle, kurz den Arbeiter als Lohnarbeiter«, der ausgebeutet werden muss.[8] Die Ausbeutung bleibt. Aber die dabei über den Rand des humanitär Erträglichen Gekippten werden wieder »inkludiert«, nachdem sie exkludiert worden sind. Das ist ein Trost, von dem einige zufrieden sagen werden: besser als gar nichts.

Doch dagegen wehren sich konservative Grüne. Das Boot ist voll, heißt es, die Exkludierten können auch über Bord gehen. Denn es gibt nicht Platz für alle. Nun zeigt es sich, dass der Diskurs des Klassenkampfes radikaler ist als der der Exklusion und deshalb viele abschreckt. Aber er ist ein menschlicher Diskurs, von Empathie getragen, die gemeinsames Handeln gegen die systemischen Zwänge der Ausbeutung, der Exklusion und gegen die Ungerechtigkeit der Ungleichheit in der Welt fördert.

Exklusion und Enteignung

Ausbeutung ist also ein systemisches Erfordernis in der Moderne und besonders ausgeprägt im Kapitalismus, in einer durch permanenten und schnellen sozialen Wandel charakterisierten Produktionsweise. Die Dynamik und die Richtung des Wandels sind nicht zuletzt durch die Möglichkeiten der Ausbeutung bestimmt. Die für den Kapitalismus typischen Steigerungen der Produktivität kommen zustande, weil diese eine Methode der »relativen Mehrwertproduktion« sind, weil so – in der mikroökonomisch gebildeten Sprache von Unternehmern – die Wettbewerbsfähigkeit gesteigert, ein Vorsprung vor der Konkurrenz gewonnen und folglich Gewinne gemacht werden können. Diese Option gibt es, wenn die notwendigen Investitionen finanziert werden können und wenn alternative Finanzanlagen weniger günstig sind als Investitionen in die Realwirtschaft.

Seit der Liberalisierung der Finanzmärkte nach der Freigabe der Wechselkurse 1973 hat sich dies aber geändert. Die finanziellen Renditen sind im Vergleich zu den Renditen der »Realwirtschaft« gestiegen; die Zinsen übertreffen die wirtschaftliche Wachstumsrate. Das ist vielfach, auch mit Verweis auf empirische Studien, festgehalten worden, zum Beispiel im Abschlussbericht der Enquete-Kommission des Deutschen Bundestages *Globalisierung der Weltwirtschaft* (2002) oder jüngst in Thomas Pikettys *Capital in the Twenty-First Century* (2014). Das ist eine Konstellation, in der die Ungleichheit in der Gesellschaft zunehmen muss, weil die finanziellen Renditen nur einer Klasse, den Geldvermögensbesitzern, zugutekommen und deren (Rendite-)Einkommen schneller steigen als Lohn- und Gewinneinkommen. Im sogenannten finanzgetriebenen Kapitalismus geht daher die Bedeutung der Investitionen zur Steigerung der Produktivität der Arbeit zurück, während die des Schuldendienstes auf Finanzanlagen zunimmt. Die Ausbeutung erfolgt weniger durch Produktion eines Neuwerts als durch Umverteilung bereits produzierter Werte, indem Wertpapiere auf Wertpapierbörsen gehandelt werden und dort die Finanzakteure

Anrechtsscheine (claims) auf Einkommensflüsse erwerben können. Die Ausbeutung erfolgt als »Akkumulation durch Enteignung«, wie es der US-amerikanische Humangeograf und Sozialtheoretiker David Harvey nennt. Das ist eine Enteignung, die mit der frühkapitalistischen ursprünglichen Akkumulation vergleichbar ist und gleichzeitig höchst modern erscheint, weil sie sich moderner, sophistifizierter Finanzinstrumente und eines globalisierten Finanzsystems mit seinen Akteuren und Institutionen bedient.

Auch das politische System entwickelt Formen des Umgangs mit dieser modernen Variante von Ausbeutung, Unterdrückung, Herrschaft. Dazu gehören auch Systeme der Selbstregierung und Disziplinierung (Gouvernementalität) und die passenden ideologischen Zuschreibungen. Die Enteignung erfolgt in Freiheit; Gleichheit ist in einer liberalen Gesellschaft kein Wert; und Ausbeutung ist unter den gegebenen Sachzwängen normal und muss nicht skandalisiert werden.

Expropriation der Expropriateure

Oder doch? Wir haben schon an vielen Beispielen gesehen, dass Ausbeutung ausufert, über die Stränge schlägt, keine Regeln beachtet. Wie denn auch, wenn ihr Maß und Mitte fehlen und nur Macht und Gegenmacht und natürliche Schranken eine Grenze bilden können, die jedoch immer infrage gestellt wird und daher umkämpft ist. In normalen Zeiten eines normalen Kapitalismus können diese Grenzen die Lohnhöhe, die Arbeitszeit oder Arbeitsintensität definieren, manierlich in Gestalt von gesetzlichen Regelungen oder tarifvertraglichen Vereinbarungen. Doch die Zeiten sind nicht immer normal. Dann wird um die Grenzen der Ausbeutung gekämpft. Da diese viele verschiedene Formen annehmen können und den Produktionsbereich ebenso betreffen wie die Reproduktion, sind diese Kämpfe entsprechend vielgestaltig, von Lohnkämpfen und Streiks bis zu Fabrikbesetzungen oder Kämpfen um eine angemessene und bezahlbare Wohnung.

Ausbeutung ist allenfalls für die Ausbeuter gemütlich, für die Ausgebeuteten ist sie es nicht. Daher findet die Utopie einer Gesellschaft ohne Ausbeutung so viel Zuspruch, zu allen Zeiten in allen Gesellschaften, auch wenn deren Ausformulierung sehr verschieden sein kann, und nicht immer so, dass wir, in unserem westeuropäischen Kulturkreis sozialisiert, begeistert unterschreiben würden. Marx lässt die Utopie offen. Für ihn ist nur eines sicher. Die bisherige Geschichte war eine der Expropriation der kleinen Landbesitzer von ihrem Land, der Schließung des Zugangs zu lebenswichtigen Naturressourcen und ihrer Verwandlung in Ware, die nur gegen Geld auf dem Markt gekauft werden konnte, der Verwandlung von Gemeineigentum und der Allmende in privates Eigentum. Diese Geschichte kann nicht ewig weitergehen. Sie findet, wie Marx sagt, ein Ende in der »Expropriation der Expropriateure«[9].

Nun schlägt »die Stunde des kapitalistischen Privateigentums. Die Expropriateurs werden expropriiert. Die aus der kapitalistischen Produktionsweise hervorgehende kapitalistische Aneignungsweise, daher das kapitalistische Privateigentum, ist die erste Negation des individuellen, auf eigne Arbeit gegründeten Privateigentums. Aber die kapitalistische Produktion erzeugt mit der Notwendigkeit eines Naturprozesses ihre eigne Negation. Es ist Negation der Negation. Diese stellt nicht das Privateigentum wieder her, wohl aber das individuelle Eigentum auf Grundlage der Errungenschaft der kapitalistischen Ära: der Kooperation und des Gemeinbesitzes der Erde und der durch die Arbeit selbst produzierten Produktionsmittel. Die Verwandlung des auf eigener Arbeit der Individuen beruhenden, zersplitterten Privateigentums in kapitalistisches ist natürlich ein Prozess, ungleich mehr langwierig, hart und schwierig als die Verwandlung des tatsächlich bereits auf gesellschaftlichem Produktionsbetrieb beruhenden kapitalistischen Eigentums in gesellschaftliches. Dort handelte es sich um die Expropriation der Volksmasse durch wenige Usurpatoren, hier handelt es sich um die Expropriation weniger Usurpatoren durch die Volksmasse.«

Die Geschichte folgt nicht schnurstracks dieser Dialektik der Ausbeutung. Was aber nicht heißt, dass sie keine theoretische und praktisch-historische Bedeutung hätte. Die Schlussfolgerung kann hoffnungsfroh stimmen, deutet sie doch an, dass sich die Formulierung von Alternativen und der Kampf darum lohnen. Das System der Ausbeutung ist – anders, als die »TINA«-Formel (There Is No Alternative) glauben machen will –, nicht alternativlos.

Anmerkungen

1   Vermeulen, Philip: »How fat is the top tail of the wealth distribution?«. In: *ECB Working Paper 1692*, July 2014.
2   Marx, Karl; Engels, Friedrich: *Werke*, Band 23. Berlin 1970, S. 505.
3   Ebd., S. 451.
4   Ebd., S. 534.
5   Ebd., S. 445.
6   Ebd., S. 231.
7   ILO: *Global Employment Trends 2014*, S. 24.
8   Marx, Engels 1970, S. 596.
9   Ebd., S. 791.

Dirk Baecker
Der Arbeitskraftunternehmer
Arbeit im Zeichen ihrer Kritik

Die Kritik

Der Arbeitskraftunternehmer, das klingt nach einer doppelten Denunziation. Erstens werden hier Arbeiter und Arbeiterin auf jene abstrakte Arbeitskraft reduziert, die das Kennzeichen eines unmenschlichen, weil um die konkreten Umstände unbekümmerten Kapitalismus ist, wie ihn Karl Marx beschrieben hat. Und zweitens wird dieser abstrakten Arbeitskraft zugemutet, auf den Märkten dieses Kapitalismus unternehmerisch tätig zu werden, das heißt, sich nicht etwa an Fragen der menschlichen Selbstverwirklichung zu orientieren, um der Abstraktion wieder in die Konkretion des Lebens zu entkommen, sondern den Vorgaben der Gewinnaussichten dort zu folgen, wo die ungewissen Launen der Mitmenschen sie zu bieten scheinen. Der Arbeitskraftunternehmer ist die Kombination von Ausbeutung und Profitgier, die den Tiefpunkt jenes neoliberalen Gesellschaftsmodells markiert, auf das der Kapitalismus sich alternativlos reduzieren lässt, seit ihm keine Aussicht auf den Sozialismus mehr widerspricht. Der Mensch als Ameise. Wir können von Glück sagen, dass uns die marxistische Kritik des Kapitalismus zwar keine Revolution zugunsten einer wahrhaft menschlichen Gesellschaft mehr in Aussicht stellen kann, aber immerhin noch einen Begriffsapparat zur Verfügung stellt, der es uns erlaubt, die Dinge beim Namen zu nennen.

Ich halte diese Beschreibung für notwendig. Sie versorgt eine gesellschaftliche Ordnung mit ihrer Negation und macht sie damit reflexionsfähig. Sie erlaubt es dem Arbeiter und der Arbeiterin, die Abstraktionen zu durchschauen, die sich in ihr Leben schieben und es mit einer Gesellschaft verknüpfen, die als Macht dieser Abstraktion auf einen ersten Begriff gebracht werden kann. Sie ist der Ausgangspunkt der Kritik einer politischen Ökonomie, die diese Gesellschaft nicht nur bewirtschaftet, sondern politisch zugunsten dieser Bewirtschaftung auch ordnet. Karl Marx ist nach wie vor als jener Autor zu würdigen, dem es gelang, »die Gesellschaft« hinter der scheinbaren Naturordnung der Auseinandersetzung mit der Knappheit der Verhältnisse zu identifizieren und jedes denkbare Argument der Rechtfertigung dieser Naturordnung mit den Mitteln der Ideologiekritik zu untersuchen. Erst seit Marx wissen wir, dass Knappheit mit den Mitteln der Eigentumsrechte *geschaffen* werden muss, bevor dann mit knappen Gütern und Dienstleistungen auch *gehandelt* werden kann. Die Eigentumsrechte der einen definieren die Bedürfnisse der anderen. Und erst seit Marx wissen wir, dass es der *Ausschluss* vom Besitz der Produktionsmittel ist, der es erlaubt, die Produktionsverhältnisse zu ordnen und die Produktivkräfte zu entwickeln. Hätte jeder alles, hätten alle nichts. Ein negatives Prinzip ordnet positiv jene Verhältnisse, die der Kritiker dann freilich nicht mehr geneigt ist, positiv zu nennen.

Die Interaktion

Andererseits. Andererseits ist die Arbeit Interaktion. Sie verbindet mich in den Sachen mit den Sachen. Sie verbindet mich in der Zeit mit der Zeit. Und sie verbindet mich unter den Leuten mit den Leuten. Wie bereits Jürgen Habermas in seiner Hegel-Lektüre gezeigt hat[1], steht die Arbeit zwar immer auch in einem gewissen Gegensatz zur wahrhaft geselligen Interaktion, ist jedoch gleichzeitig die Voraussetzung und das Medium für die Möglichkeit der Befreiung des Menschen von der bloßen Begierde, indem er lernt, sich mit den Dingen auseinanderzusetzen.

Diese Idee kann man erweitern, und niemand hat sie erfolgreicher erweitert als Gary S. Becker, der als Ökonom und Soziologe Interaktionsmodelle nicht nur der Arbeit, sondern auch des Konsums, der Produktion, des Umgangs mit Zeit und letztlich sogar des Umgangs mit Interaktion, des Aufwands und Nutzen des Umgangs mit den Mitmenschen, entworfen hat.[2] Becker gilt nicht zu Unrecht als Chefideologe des Neoliberalismus. Kaum jemand, Milton Friedman vielleicht ausgenommen, wendet sich schärfer gegen staatliche Eingriffe in wirtschaftliche Prozesse, wenn wirtschaftliche Prozesse effizientere Lösungen versprechen als diese Eingriffe (und plädiert *für* diese Eingriffe, wenn dies *nicht* der Fall ist).

Zugleich jedoch geht er mit derselben Schärfe wie Marx der Frage nach, welche sozialen Verhältnisse welche ökonomischen Entscheidungen begründen. Niemandem ist es eleganter gelungen, eine scheinbar harmlose Konsumentscheidung eines Haushalts oder eine alles andere als harmlose Produktionsentscheidung eines Unternehmens auf Nutzenerwägungen zurückzurechnen, die nicht nur Bedürfnisbefriedigung und Gewinn, sondern auch die bisherigen Erfahrungen und Kompetenzen im Umgang mit der Welt, die Vernetzung mit Leuten, mit denen man etwas zu tun haben möchte (und sich auskennt), und die Abgrenzung von Leuten, denen man aus dem Weg gehen möchte (gleichgültig, ob man sich mit ihnen auskennt oder nicht), die Einschätzung von Zeitgewinn und Zeitverlust, ja sogar die Erwartung der Länge des eigenen Lebens in einem einzigen Modell berücksichtigt. Es sollte zu denken geben, dass Ökonomen wie Soziologen um dieses Modell einen großen Bogen machen, Nobelpreis hin, Nobelpreis her (1992). Beckers Produktionsfunktion des Konsums ist nicht der Gipfelpunkt des wirtschaftswissenschaftlichen Imperialismus und auch nicht der Tiefpunkt kaltherziger Kosten- und Nutzenrechnung, sondern eines der schlankesten Modelle der Beschreibung und Erklärung menschlichen Verhaltens, die wir haben. Nur wer sich nicht traut, etwas über sich und seine Mitmenschen zu erfahren, sollte die Finger von diesem Modell lassen.

Der Arbeitskraftunternehmer wird in Beckers Modell zum Produzenten und Konsumenten eines Humankapitals, das nicht nur ökonomische Kapitalverwertung, sondern auch Orientierung in den Verhältnissen, Kompetenz in der Auseinandersetzung mit den Sachen, Fertigkeit und Geschicklichkeit im Umgang mit den Leuten und Zeitmanagement umfasst, jene seltene Fähigkeit, Rhythmus und Tempo, Zeitdruck und Zeitnachlass ins jeweils passende Maß zu bringen. Der Arbeitskraftunternehmer wird in diesem Modell zu jemandem, *der sich unternimmt*, und dies nicht (nur), um sich den Verhältnissen auszuliefern, sondern (auch), um sich diese Verhältnisse zu eigen zu machen. Der schlechte Ruf, den das Humankapital als Unwort des Jahres 2005 (so entschieden von einer Jury der Frankfurter Goethe-Universität) genießt, bezieht sich auf das Missverständnis, dass ein Kapital nur monetäre Dimensionen enthält und daher immer zu Markte getragen werden muss. Kapital ist jedoch mehr als das. Kapital ist ein Kalkül von Erfahrungen im Umgang mit einer Gegenwart im Hinblick auf ein zukünftiges Vermögen: ein Zeitkalkül, das sich an den Dingen und unter den Leuten bewähren muss, ein Sozialkalkül, das mit Zeithorizonten und Sachkompetenzen rechnet, und nicht zuletzt ein Sachkalkül, das mit Gesellschaft, Geschichte und Erwartung rechnet. Verwickelter geht es nicht, doch mit jeder alltäglichen Entscheidung bestätigen und beherrschen wir eine Verwicklung, die selbstverständlich die Sparsamkeit ebenso kennt wie die Großzügigkeit, die Eile ebenso wie die Weile, das Beharren auf der Erfahrung ebenso wie das Ausprobieren des Neuen.

Adam Smith hat dieser Begriff noch gefehlt. Daher würde es sich lohnen, seine *Theory of Moral Sentiments* (1759) zusammen mit der scheinbar dazu im Gegensatz stehenden *Inquiry into the Nature and Causes of the Wealth of Nations* (1776) im Kontext von Beckers Modell zu lesen. Denn hier wie dort, bei Becker wie bei Smith, geht es nicht um eine Gegenüberstellung egoistischer Kalküle und altruistischer Sorgen um Mitmenschen und Gesellschaft, sondern um die Verknüpfung des einen mit dem anderen, um egoistische Kalküle altruistischer

Entscheidungen und altruistische Begründungen egoistischer Interessenverfolgung. Es ist ein Trick der Gesellschaft, uns auf unsere Interessen zu verpflichten, ein Trick im Übrigen, den die Aristokraten wohl durchschaut hatten. Interessen und die ihnen zugrunde liegenden Präferenzen sind etwas für Diener. »Which lake do I prefer«, ist bei Oscar Wilde die berühmte Frage des Beau Brummel an seinen Valet, als sie auf einer Fahrt durch die schottische Seenlandschaft aus der Kutsche steigen und die Aussicht bewundern. Der aristokratische Einwand hat sich nicht halten können. Die moderne Gesellschaft braucht den bürgerlichen Eigennutz. Die moralischen Gefühle des Anstands *(propriety)* und der Sympathie, des Gewissens und der Anerkennung regeln egoistische Entscheidungen ebenso, wie sich umgekehrt die Orientierung an Belohnung und Gewinn die Leidenschaften des Ehrgeizes zunutze zu machen versteht. Diese Dimension einer durchaus ebenfalls dialektischen Feinregulierung menschlichen Verhaltens hat Marx in seiner Kritik der politischen Ökonomie zugunsten einer Analyse des kapitalistischen Systems ausgeblendet. Wir müssen sie jedoch wieder einblenden, weil wir andernfalls keinen Zugang zu jenem Verhältnis von Konkretion (des Lebens) und Abstraktion (des Systems) gewinnen, das auch den Entscheidungen des Arbeitskraftunternehmers zugrunde liegt.

Man muss sich darüber im Klaren sein, worauf man sich einlässt, wenn man nicht den Versuch macht, Marx mit Becker und Becker mit Smith zu lesen. Man konstruiert einen Widerspruch zwischen dem rechnenden Bürger einerseits und dem gemeinschaftlichen Stammesangehörigen, gewürzt mit einer Prise aristokratischer Leidenschaft, andererseits. Man leistet sich den Hochmut dessen, dem es auf eine Kenntnis der eigenen Interessen nicht ankommt, und rechtfertigt dies mit einem Appell an jene allzeit verfügbare Gemeinschaft, die auch dann weiterhilft, wenn die eigenen Mittel versagen. Man deklariert das eigene Tun als altruistisch, unbekümmert um die Frage, ob auch andere es zu würdigen wissen, und leitet daraus den Anspruch ab, unterstützt zu werden. Man abstrahiert das menschliche Verhältnis zu einem

Verhältnis wechselseitiger Anerkennung und hält die Rückfrage, ob dieser Anerkennung auch ein Verdienst gegenübersteht, für spießig. Im besten Falle verschwendet man sich – und verschwindet, sobald die Mittel erschöpft sind. Die Gegenbilder zum rechnenden Bürger sind literarisch und historisch stark. Sie verknüpfen uns, wie Alexander Kluge sagen würde, mit einem gewaltigen Urstrom menschlicher Geschichte, mit einer Gattungsgeschichte, die uns stärker definiert als unser individuelles Schicksal, unser Selbstbewusstsein. Aber das ändert nichts daran, dass diese Gattungsgeschichte laufend neu geschrieben wird, in ebenso winzigen Schritten, wenn man in Jahrtausenden rechnet, wie riskanten Eingriffen, wenn man unsere Technologie in Rechnung stellt.

Ein tätiges Leben

Arbeit ist jederzeit denunzierbare Interaktion. Sie ist denunzierbar, denn sie fällt auf, sie stört, sie macht Lärm. Sie kostet Anstrengung. Sie scheint sich nie in jenem Maße zu lohnen, wie ihre Bemühung wert ist. Sie bringt Produkte in die Welt, die niemand braucht. Andere profitieren mehr von ihr als diejenigen, die sie leisten. Gemessen an ihren Produkten scheint sie nur ausnahmsweise notwendig, gemessen an der Notwendigkeit, etwas für seinen Lebensunterhalt zu tun, ist sie es immer. Ein Ärgernis.

Und sie ist Interaktion, ohne die man sich das eigene Leben kaum vorstellen möchte. Der Eindruck, dass wir in einer Arbeitsgesellschaft leben, in der die Arbeit jener »blinde Fleck« ist, den man unbegriffen voraussetzen und hinnehmen muss, um alles andere beschreiben und verstehen zu können, ist schnell formuliert. Doch in welchem Verhältnis steht dazu die Erfahrung, dass fast jeder unter uns gerne arbeitet, von Erfolgen träumt, sich eine Karriere wünscht und stolz auf bisherige Leistungen ist? Ist dies nur der Beleg dafür, dass uns der Kapitalismus auch sozialpsychologisch im Griff hat? Erfüllt sich die *Autho-*

ritarian Personality (1950), die Theodor W. Adorno und das Institut für Sozialforschung einst untersucht haben, auch darin, dass wir es ohne einen Arbeitgeber, der wir zur Not auch selber sein können, mit uns selber nicht aushalten? Sind wir die nicht nur infizierten, sondern auch infizierenden Opfer eines Virus, der uns daran hindert, uns mit jener Kontemplation der Welt zu begnügen, die noch die Griechen in ihrer Sklavenhaltergesellschaft als die einzige der Würde des Menschen angemessene Lebensweise begriffen?

Ist ein Versuch, sich das tätige Leben als ein würdiges und erfülltes Leben vorzustellen, nur als Folie erlaubt, die es erlaubt, die abhängige, die ausgebeutete, die erzwungene Arbeit als Beleg einer unmenschlichen Gesellschaft zu verstehen? Ist jede Arbeit, auf die ich stolz bin, ein Beweis dafür, dass ich zu jenen Privilegierten zähle, denen es gelungen ist, auf Kosten anderer zu leben und zu arbeiten? Geschieht jede geistige Arbeit auf Kosten einer körperlichen Arbeit? Darf man noch nicht einmal versuchsweise die Frage auch umdrehen und nach der körperlichen Arbeit auf Kosten der geistigen fragen? Wir kennen Bertolt Brechts *Fragen eines lesenden Arbeiters* (1935). Warum haben die »Fragen eines lesenden Unternehmers«, die die Steuereinnahmen des Staats, die Tarifverträge der Gewerkschaften, die Haftungsregeln des Rechts, die Launen des Konsumenten, die verständnislosen Berichte der Massenmedien in den Blick rücken, nie einen literarischen Status gewonnen?

Und – ich höre den kritischen Einwurf des geneigten Lesers – kann ich so nur fragen, weil ich als Hochschullehrer zu jenen wenigen Menschen gehöre, die sich ihre Arbeit und ihre Themen weitgehend selber suchen, in einem unvergleichlichen Maße ihre Zeit selber einteilen und sogar darüber bestimmen können, wann es genug ist? Ist also auch der vorliegende Essay nur der Beweis dafür, dass ich offenbar genügend Zeit habe, mir mit einer gefälligen Dialektik die Zeit zu vertreiben – und so die Zeit des Lesers zu verschwenden, der dringlich und notwendig nach Rat und Mitteln sucht, wie die Gesellschaft menschenwürdig einzurichten wäre?

Es bleibt dabei. Arbeit ist denunzierbare Interaktion. Ich setze mich mit ihr in ein Verhältnis zu anderen, das anderen nicht unbedingt gefallen muss. Ich verwende Zeit, die besser genutzt werden könnte. Ich arbeite an Produkten, die den Mangel an anderen Produkten nicht beheben. Daher bleibt es ebenfalls dabei, dass wir die Denunziation für notwendig halten. Wo kämen wir hin, wenn jede Arbeit und jede Ausbeutung von Arbeit, auch die Selbstausbeutung, erlaubt wären? Diese Denunziation beziehungsweise, unaufgeregter formuliert, diese jederzeit mögliche Kritik und Negation ist nur ein weiterer Beleg für jene Interaktion, in der die Arbeit mit der Gesellschaft steht und in die die Arbeit uns jederzeit verwickelt. Versuchen wir also, uns den Arbeitskraftunternehmer als jemanden vorzustellen, der angesichts der Frage, in welche Interaktion er verwickelt sein möchte, ein Wörtchen mitzureden versucht. Versuchen wir, uns diese Frage als eine der Auseinandersetzung mit Abstraktion, Zwang und Notwendigkeit ebenso vorzustellen wie als eine der Zielsetzung, Entscheidung und Freiheit. Versuchen wir, jenen Impuls zu kontrollieren, der den zweiten Teil der Frage als Verrat am ersten wertet. Dieser Impuls ist wichtig und unverzichtbar, aber er ist mitschuldig am blinden Fleck der Arbeit in der Arbeitsgesellschaft. Er entmündigt uns auch dort, wo wir möglicherweise durchaus etwas zu sagen haben. Und, schlimmer noch, er entzieht all jenen die Anerkennung, die sich auf eine abhängige Arbeit einlassen, weil sie für sie zu den Produktionsmitteln einer Lebensführung gehört, die in Familie, Gemeinschaft, Politik und anderem ihre Zielsetzungen hat – ganz zu schweigen von all denen, die ihren Stolz in eine Arbeit investieren, die nur als abhängige zu leisten ist.

Ich weiß, dass dies schwerfällt und dass es seinerseits als »neoliberale« Ideologie kritisiert wird, aber versuchen wir, die Abhängigkeit nicht als Maßstab des Schlechten, sondern als Bedingung der Gesellschaft zu sehen, die als diese Bedingung von uns in engen Grenzen mitgestaltet werden kann. Man kann Marx' Entdeckung der Gesellschaft nicht würdigen, indem man sie gleich anschließend wieder streicht. Gesellschaft *ist* Abhängigkeit. Die entscheidende Frage lautet, wie diese

Abhängigkeit zugunsten des Gewinns von Unabhängigkeit gestaltet werden kann. Eine unternehmerische Frage, für jeden Einzelnen.

Es gibt überdies keinen Grund, befürchten zu müssen, dass man sich mit einer unternehmerischen Frage nach den Möglichkeiten der Unabhängigkeit auf ein nicht seinerseits negierbares und somit kritisierbares Gelände begibt. Die *Gesellschaft der Individuen* (1983), von der Norbert Elias spricht, ist eine Gesellschaft, die ohne die wechselseitige Abhängigkeit gleichzeitig voneinander unabhängiger Individuen nicht zu denken ist. Eben das heißt: Individuum. Auch die Gattungsgeschichte der Menschheit ist nichts anderes als ein gewaltiges Ausprobieren von Formen der Unabhängigkeit im Medium der wechselseitigen Abhängigkeit. Ein Trick. Im Liebesverhältnis, in der Politik, in der Industrie, auf dem Fußballplatz. Nur die Abhängigkeit unabhängiger Menschen ist erstrebenswert. Alles andere ist Gewalt.

Kant mit Heider lesen

Der Arbeitskraftunternehmer ist als Figur und Gedanke ein Versuch, einem Dilemma zu entgehen. Die eine Seite des Dilemmas begreift den Menschen als Form im Medium der Arbeitskraft, die andere die Arbeitskraft als Form im Medium des Menschen.

Man verzeihe mir hier die immer noch abstrakte Begrifflichkeit. Sie ist hilfreich, um sich den konkreten Verhältnissen nähern zu können. Wir greifen auf Fritz Heiders erstmals 1926 veröffentlichten Aufsatz »Ding und Medium«[3] zurück. Dieser auch sozialtheoretisch wegweisende Aufsatz stellt einen radikalen Ansatz dar, Konsequenzen aus der Neurophysiologie (Johannes Müller, Gustav Theodor Fechner, Hermann von Helmholtz) sowie aus der Wahrnehmungspsychologie (Kurt Koffka, Kurt Lewin) und der theoretischen Biologie (Jakob von Uexküll) zu ziehen. An die Stelle einer subjektiv auf sich selbst angewiesenen Vernunft, wie sie Immanuel Kant einer objektiv unerkennbar bleibenden Welt gegenübergestellt hat, tritt ein Organismus mit

Leib, Seele und Verstand, der mit jeder neuen Bewegung an Souveränität im Umgang mit der Welt gewinnt, bis er stirbt und andere den Faden weiterspinnen. Die Vernunft realisiert sich ganz im Sinne Kants im Medium einer Kritik, der die Verschlossenheit der Welt als hilfreiche Konstruktion ihrer schrittweisen und sich selbst laufend korrigierenden Erschließung gilt. Man stelle sich nur vor, wir könnten die Augen öffnen und sähen: alles. Wir könnten nur stammeln wie jener Unglückliche, der aus Platons Höhle entkommt und vom Licht geblendet wird. Dem ist das Gespräch der Angeketteten mit denen, die die Originale der Schattengebilde hin und her tragen, allemal vorzuziehen. Vielleicht findet man heraus, wie die Ketten zu lösen sind.

Kant mit Heider lesen. Und Smith mit Becker, Marx mit Smith, Becker mit Platon.

Der Mensch als Form im Medium der Arbeitskraft wäre die Idee eines Menschen, der sich nur als Arbeitender verwirklichen kann und der daher immer dann, wenn diese Arbeit im Zeichen der Abhängigkeit steht, auf Einschränkungen der Selbstverwirklichung stößt. Die Arbeitskraft als Form im Medium des Menschen wäre der Inbegriff jener Industrie im Dienste der Kapitalverwertung, welcher der lebendige Mensch als Stoff gilt, dem die Mehrwert heckende Arbeitskraft abgepresst werden muss. »Medium« heißt hier mit Heider, lose gekoppelte Elemente denselben Elementen gegenüberzustellen, die festgekoppelt als »Dinge« oder eben Formen zu verstehen sind. So für das spielende Kind die Sandburg als Ding oder Form im Medium des Sandes. Oder für die Wahrnehmung der Anblick eines Baumes im Medium des Lichts. So in der Wirtschaft die Form der Zahlung eines bestimmten Preises im Medium des Geldes. Oder in der Kunst ein poetischer Eindruck im Medium der Literatur. Eine Liebeserklärung, mutig oder zögerlich, ironisch oder zärtlich, im Medium der romantischen Liebe, das heißt kontrolliert durch die Fragen »Was war zuvor?« und »Was kommt danach?«. Eine These im Medium des Essays. Und so weiter.

Die eine Seite unseres Dilemmas beschreibt die Arbeitskraft als auflösbares und neu kombinierbares Medium der Selbstfindung des

Menschen, die andere Seite den Menschen als auflösbares und neu kombinierbares Medium der Industrie. Beides betrifft empirisch vorfindliche Verhältnisse. Beides ist kritisch ebenso wie wissenschaftlich belegbar. Aber beides ist auch eine unglaubliche Entdeckung. Denn auf der einen Seite ist Arbeitskraft, medial betrachtet, nicht gleich Arbeitskraft; und auf der anderen Seite ist Mensch, medial betrachtet, nicht gleich Mensch. Darin steckt die eigentliche Zumutung. Aus dieser Entdeckung und dem Protest gegen sie nährt sich seit der frühen Moderne jener Humanismus, der doch nichts anderes ist als die Bestätigung und Durchführung dieser Entdeckung.

Man kann den Gedanken kürzer schließen, um des Ausmaßes der Kontingenz gewahr zu werden, auf die er hinweist: der Mensch als Form im Medium des Menschen, die Arbeitskraft als Form im Medium der Arbeitskraft. Das eine hört auf den Namen moderne Gesellschaft; das andere auf den Namen Industrie. Das eine ist vom anderen nicht zu trennen. Und jede Hoffnung auf die Emanzipation des Menschen und die Befreiung der Produktivkräfte in einer wahrhaft humanen Gesellschaft bestätigt denselben Gedanken. Diese Hoffnung hält sich nicht auf mit der je aktuellen Dinglichkeit des Menschen, sondern betrachtet ihn als Vorgriff auf sich selbst, als Medium einer noch einzulösenden Form. Und kann sich dabei irren. Man kann der kapitalverwertenden Industrie nicht vorwerfen, den Menschen auf seine Arbeitskraft zu reduzieren, wenn man ihn zugleich zum Medium seines eigenen, unausgeschöpften Potenzials erklärt.

Das Plädoyer gegen die Medialisierung und für die Identität des Menschen mit dem Menschen und der Arbeit mit der Arbeit kommt in jedem Fall zu spät. Im besten Fall ist es aristotelisch, indem es sich einen mit sich selber übereinstimmenden Kosmos vorstellt, in dem Polis, Oikos und Psyche teleologisch definiert sind und jede Abweichung als Korruption bezeichnet werden kann. Nicht einmal Aristoteles hätte so aristotelisch, also christlich-ökonomistisch-herrschaftlich gedacht.[4] Im schlimmsten Fall ist es fundamentalistisch, indem es einen Kurzschluss zwischen Menschenbild, Weltanschauung, Politik und Familie (am liebsten als Patriarchat, zur Not auch als Gemeinschaft) herstellt.

Tatsächlich gehen wir praktisch und theoretisch längst davon aus, dass die Medialisierung von Mensch und Arbeit beides erst zu ihrem Recht kommen lässt. Mensch und Arbeit sind weder untereinander noch mit sich identisch. Der Mensch ist, was er noch nicht und nicht mehr ist. Die Arbeit ist die Auseinandersetzung mit Zielsetzungen, die ihr bei aller Sorge um Bestände und Befunde erst noch bevorstehen. Zygmunt Bauman hat diese Medialisierung phänomenologisch auf den Begriff der *Liquid Modernity* (2000; gefolgt von *Liquid Love*, 2003; *Liquid Life*, 2005; *Liquid Fear*, 2006; *Liquid Times*, 2006) gebracht. Doch das beschreibt nur die eine Hälfte der Medaille beziehungsweise des Dilemmas. Denn, um uns auf unsere Beispiele zu beschränken und nicht zu viele Fässer aufzumachen, Mensch und Arbeit können nur dann als medialisiert, als flüssig, als *mit sich different* betrachtet werden, wenn sie gleichzeitig immer wieder Formen auswerfen, eine Dinglichkeit an den Tag legen, an denen der Vergleich überhaupt erst ansetzen kann. Ich muss die eine Form von der anderen unterscheiden können, um auf die Idee kommen zu können, dass beide Versionen desselben sind. Es liegt dann bei mir, in den Augen des Betrachters, ob ich auf Verrat schließe, weil die eine Version sich von der anderen unterscheidet, auf Selbstverwirklichung, da ein Potenzial ausgelotet wird, oder auf Evolution, da sich offenbar etwas entwickelt hat (was ich dann wiederum als Abfall vom Bewährten oder als Erprobung des Neuen werten kann).

Die Kippfigur

Der Arbeitskraftunternehmer ist eine Kippfigur. Er oszilliert zwischen Form und Medium. Er erprobt bestimmte Arbeit im Medium möglicher Arbeit; und seine Menschlichkeit liegt darin, sich sowohl die Oszillation als auch für diese Oszillation ein Maß, ein Gedächtnis, eine

Zukunft vorstellen zu können. Wir formulieren wieder abstrakt, nämlich mit Blick auf das von George Spencer-Brown entworfene Formkalkül[5] (*Laws of Form*, 1969), das wir nur erwähnen, um es gleich wieder auf sich beruhen zu lassen. Es deutet nur an, worin eines der Instrumente besteht, mit denen wir hier an der Figur des Arbeitskraftunternehmers arbeiten. Im Rahmen des Kalküls könnte man weiterarbeiten. Das Kalkül beschreibt Unterscheidungen, die sich wechselseitig limitieren. Diese Unterscheidungen oszillieren im Raum ihrer Unterscheidung und öffnen damit für eine unbekannte Zukunft, die ihr eigenes Gedächtnis, ihr Erinnern und Vergessen, enthält.

Der Arbeitskraftunternehmer trifft Entscheidungen (Investitionen) zugunsten einer Arbeit (Produktion), die ihn mit dem Risiko konfrontiert (Märkte), unter Umständen erfolglos zu bleiben (Bankrott). Er benötigt Ressourcen für seine Entscheidungen (Information, Intelligenz, Mut), muss die Arbeit, die zu tun ist, organisieren (Kommunikation) und die Märkte im Blick behalten, auf denen er sein Produkt absetzen, seine Vorleistungen einkaufen, sein Personal rekrutieren und Kredite, falls erforderlich, aufnehmen kann (Netzwerk). Jede der Entscheidungen, die er trifft, schafft eine Form, eine Sichtbarkeit, eine Greifbarkeit, eine Bestimmtheit, die mit Blick auf jeden Einzelnen der Ausdrücke, die im vorigen Satz in Klammern stehen, medialisiert, das heißt bezweifelt, kritisiert, bereut und variiert werden kann. Deswegen ist der Arbeitskraftunternehmer notorisch unruhig. Er lebt, denkt und arbeitet im Medium (noch ein Medium!) der Ungewissheit; und wenig hilft ihm, dass dieses Medium zugunsten neuer Formen auch der Garant der Variation ist. Denn bevor es zur nur abstrakt jederzeit möglichen Variation kommt, könnte der Mut erschöpft, könnten die Ressourcen verbraucht, könnte das Personal weggelaufen, könnten die Kreditgeber die Hoffnung aufgegeben haben und die Kunden andernorts Befriedigung suchen. Jede Form greift auf ein Medium zurück, das nicht natürlich nachwächst, sondern sich verbraucht, wenn zur Form selber die Aussicht gehört, sich in einer unbekannten Zukunft bewähren zu können.

Das gilt für jeden Unternehmer. Für den Arbeitskraftunternehmer gilt überdies, dass es nicht nur die Arbeitskraft der anderen, sondern auch seine Arbeitskraft ist, die er einsetzt und riskiert. Wie sichert er sich ab? Woraus schöpft er Mut, solange es Mut zu schöpfen gibt? Bei Smith, Marx und Becker kann er »nachlesen« (auch eine Form der Ressource, ein Medium der Information), dass er ebenso sehr auf Sympathie angewiesen ist, die er seiner eigenen Arbeit entgegenbringt; dass alle Abstraktion zugunsten eines Tauschwerts nichts nutzt, wenn dieser Tauschwert nicht auf konkrete Gebrauchswerte zurückgeführt werden kann; und dass auch die Arbeit einem Produktionsmodell folgt, in dem Vertrautheit mit den Sachverhalten, Verlässlichkeit unter den Leuten und ein kluger Umgang mit Vergangenheit, Gegenwart und Zukunft mit jeder einzelnen Erwartung von Kosten und Nutzen verrechnet werden. Wem das zu viel der Angewiesenheit, zu viel der Abstraktion und zu viel der Rechnung bedeutet, wird nicht zum Unternehmer, auch nicht zum Unternehmer seiner eigenen Arbeitskraft taugen. Was dann bleibt, sind die Schemata, Modelle und Routinen der Vergangenheit, solange sie noch Gültigkeit haben.

Und die Moral?

Worin besteht die Moral dieser Kippfigur? Kann eine Kippfigur eine Moral haben? Adam Smith hat in seiner Theorie moralischer Gefühle nach einer Antwort auf diese Frage gesucht. Sie besteht nicht darin, dem kühlen Unternehmer jenen Menschen gegenüberzustellen, der mit allen anderen Menschen sympathisiert. Wer glaubt, es handele sich beim Autor der Theorie moralischer Gefühle und der Untersuchungen in die Natur und Ursachen des Wohlstands der Nationen um zwei verschiedene Autoren, macht sich die Sache um den Preis der Verkennung der modernen Gesellschaft zu einfach. Und diese Verkennung ist auch nicht dadurch zu retten, dass man ihr den Namen einer Theorie des Kapitalismus gibt. Denn damit streicht man genau jene Dimensionen von Gesellschaft, von der Politik über Erziehung, Wissenschaft, Recht und Kunst bis zu Religion und Familie, deren Unterwerfung unter die Herrschaft der industriellen Basis man beklagt. Eine ganze wissenschaftliche Disziplin, genannt »Soziologie«, musste erfunden werden, um diesen blinden Fleck bei Marx, trotz seiner Verdienste um die »Theorie« der Gesellschaft, korrigieren zu können. Und nichts scheint hier abgeschlossen zu sein.

Nein, die Antwort von Smith besteht darin, das moralische Gefühl der Sympathie (griechisch *sympátheia*, »Mitgefühl«, nicht zu verwechseln mit »Mitleid«) auch jenem Bäcker zu unterstellen, der ein Brot backt, für das sich Kunden finden, der also egoistisch mit dem Egoismus seiner Kunden rechnet. Auch das ist Altruismus. Und dies gilt nicht nur für handwerkliche Wertarbeit, so gerne wir uns auf sie beschränken würden. Auch der Discounter, der mit dem Geiz, dem Geldmangel seiner Kunden rechnet, kalkuliert im Medium des moralischen Gefühls der Sympathie, so sehr er sich auch die Sympathie von Kritikern, die nur heimlich bei ihm einkaufen, verscherzt. Auch der Automobilhersteller, der das benzinschluckende Straßenmonster auf den Markt bringt, ja sogar der Zigarettenhersteller, der seinen Kunden das Krebsrisiko verschweigt, handeln mindestens so sehr aus Eigenliebe (Sympathie für sich selbst) wie aus Sympathie für ihre Kunden, die zu entsprechenden Kaufakten ja trotz aller Werbung freiwillig in der Lage sein müssen.

Man kann sich das Verhältnis von Wirtschaft und Gesellschaft als ein Ringen um die Moral der Sympathie vorstellen, das heißt um die Frage, welche Sympathie von Produzenten und Konsumenten füreinander und für ihr (letztlich gemeinsames) Produkt auch vom Rest der Gesellschaft, und hier je unterschiedlich von Politik, Erziehung, Wissenschaft und Religion, geteilt wird. Adam Smith suchte noch nach einer Tugendlehre, die mit den Leidenschaften der Menschen rechnet und doch die Chancen erhöht, dass sich die dem Gemeinwesen nützlichen Sympathien durchsetzen: nach einer Tugendlehre, in der sich die Sympathien hierarchisieren und ordnen lassen, um so die eine gegen die andere abwägen und die eine der anderen vorziehen zu können. Der Liberalismus, der sich auf Smiths zweites Buch beruft und das erste allenfalls für ein Vorspiel hält, hat die Hoffnung auf eine solche Tugendlehre aufgegeben und verlässt sich nur noch auf die Weisheiten des Marktes. Marx hat dem widersprochen, hat auf die Laster des Kapitalismus hingewiesen und Tugend nur noch im Gang der Geschichte zugunsten einer utopischen Zukunft sehen können. Die Soziologie differenziert nach verschiedenen Quellen der Sympathie, wie sie auch nach verschiedenen Rationalitäten differenziert (Institutionen, Systeme, Netzwerke). Die Wirtschaftswissenschaften warnen davor, wie leicht und schnell sich suboptimale Gleichgewichte einpendeln können, wenn man Ungleichheiten zulässt, die der Markt nicht korrigieren kann.

Und unser Arbeitskraftunternehmer? Er legt sich eine eigene Moral zurecht, denn eine andere gibt es nicht. Er macht sich zum Exempel einer Sondierung der Möglichkeit von Sympathie. Welche Ziele, welche Entscheidungen, welcher Umgang mit Ressourcen, Personal und Kredit bewähren sich in jenem Netzwerk der Möglichkeiten, das nicht nur aktuelle Gelegenheiten, sondern auch potenzielle Chancen und Gefahren enthält? Man kann sich für diese Sondierung nicht mehr auf den antiken Tugendkanon der Klugheit, Tapferkeit und Gerechtigkeit (»Ethik«) verlassen und ebenso wenig auf die moderne Suggestion, man könne sich über jeden denkbaren Sachverhalt vollständig informieren und entsprechend vernünftige Entscheidungen treffen (»Aufklärung«). Was aber gilt dann?

Es gilt ein neues Negativprinzip. Hatte man sich bisher darauf verlassen können, dass mit der Orientierung am *Eigentum*, von dem andere *ausgeschlossen* sind, ein hinreichendes Eigeninteresse im Interesse von Sache, sozialem Umfeld und Zeithorizont unterstellt werden kann – ein Eigeninteresse, das nur dann und nur insoweit vorliegt, wie auch Eigentum vorliegt –, so deutet sich jetzt und ergänzend ein Prinzip *ökologischer* Rücksichten an, das von jeder Entscheidung verlangt, dass sie *reversibel* ist. Ausgeschlossen sind irreversible Entscheidungen. Das kann natürlich nur als Tendenz und Prinzip gelten, denn irreversible Entscheidungen werden laufend getroffen und sind sachlich, sozial und zeitlich unvermeidbar. Als Tendenz und Prinzip gilt jedoch für die Ökologie der natürlichen Umwelt, der sozialen Umwelt und zunehmend auch der psychischen und körperlichen Umwelt, dass jede Entscheidung mit Blick auf mögliche Schäden kalkuliert werden muss, von denen man zum Zeitpunkt der Entscheidung noch nicht wusste und wissen konnte.

Ein Arbeitskraftunternehmer, der seine Entscheidungen in diesem Sinne ökologisch reflektiert, während sie ökonomisch, politisch, pädagogisch, juristisch, ästhetisch oder sonst wie kalkuliert werden, kann sich auf eine Moral der Behutsamkeit berufen, die das moralische Gefühl der Sympathie tendenziell und prinzipiell, denn mehr geht nicht und mehr lässt sich auch nicht überschauen, auf Natur, Körper, Psyche und Gesellschaft bezieht.

Man sieht, dass damit die Ressourcen der Arbeitskraft selber benannt sind. Der Arbeitskraftunternehmer gewinnt daraus neue unternehmerische Tätigkeitsfelder, keines von ihnen ohne Risiko. Es ist daher an der Zeit, den Arbeitskraftunternehmer, wo auch immer er sich unternimmt, in den Mittelpunkt unserer Aufmerksamkeit zu rücken.

Anmerkungen

1 Vgl. Habermas, Jürgen: *Technik und Wissenschaft als Ideologie.* Frankfurt am Main 1968.
2 Vgl. Becker, Gary S.: *The Economic Approach to Human Behavior.* Chicago 1976; dt. Übersetzung: *Der ökonomische Ansatz zur Erklärung menschlichen Verhaltens.* Tübingen 1993.
3 Vgl. Heider, Fritz: *Ding und Medium.* Berlin 2005.
4 Vgl. Agamben, Giorgio: *Herrschaft und Herrlichkeit.* Berlin 2010.
5 Vgl. Spencer-Brown, George: *Laws of Form. Gesetze der Form.* Lübeck 1997.

Weiterführende Literatur

Arendt, Hannah: *Vita Activa oder vom tätigen Leben.* München 1967.
Baecker, Dirk: *Die Form des Unternehmens.* Frankfurt am Main 1993.

Baecker, Dirk (Hrsg.): *Archäologie der Arbeit*. Berlin 2002.

Baecker, Dirk: *Wirtschaftssoziologie*. Bielefeld 2006.

Baecker, Dirk: »Arbeiten ist gefährlich«. In: ders.: *Studien zur nächsten Gesellschaft*. Frankfurt am Main 2007, S. 67–72.

Bröckling, Ulrich: *Das unternehmerische Selbst. Soziologie einer Subjektivierungsform*. Frankfurt am Main 2007.

Luhmann, Niklas: *Die Wirtschaft der Gesellschaft*. Frankfurt am Main 1988.

Negt, Oskar; Kluge, Alexander: *Der unterschätzte Mensch. Gemeinsame Philosophie in zwei Bänden*. Frankfurt am Main 2001.

Stehr, Nico: *Die Moralisierung der Märkte. Eine Gesellschaftstheorie*. Frankfurt am Main 2007.

Udy, Stanley jr.: *Organization of Work, A Comparative Analysis of Production among Nonindustrial Peoples*. New Haven 1959.

Udy, Stanley jr.: *Work in Traditional and Modern Society*. Englewood Cliffs 1970.

Armin Nassehi
Arbeit 4.0
Was tun mit dem
nicht organisierbaren Rest?

Nein, dies wird kein romantisches Plädoyer für einfache Arbeit. Es wird auch keine Kritik komplizierter Arbeit – übrigens eine Unterscheidung, die wir schon im ersten Kapitel von Marx' *Kapital* finden.[1] Eigentlich geht es gar nicht primär um einfache Arbeit, sondern um Arbeit schlechthin, und nicht zuletzt darum, warum man von der bloßen Existenz einfacher Arbeit etwas über die komplizierte lernen kann. Dazu aber später.

Wir haben uns daran gewöhnt, das Materialistische der Arbeit, also das, was an der Arbeit stinkt, Lärm macht, Fossiles verbrennt, Rohstoffe verbraucht und viel Platz braucht, für etwas Sekundäres zu halten. Wer Analysen über Wertschöpfungsketten liest oder wer nach innovativen Produkten sucht, stößt auf Tätigkeiten, die mit der Produktion im angedeuteten Sinne wenig zu tun haben. Ein Verbrennungsmotor etwa läuft heute nur noch angemessen mithilfe einer komplexen Datenverarbeitung. Produkte werden auf die kulturellen und symbolischen Bedürfnisse von Märkten abgestimmt. Das Design erzeugt das Image eines Produkts. Und die Wertschöpfung hat mehr mit der Rekombination von Informationen zu tun als mit der angemessenen Umformung von Natur in Kultur beziehungsweise von Rohstoffen und halb fertigen Teilen in Produkte. Das muss zwar auch gemacht werden, aber das ist nicht mehr das, was die Wertschöpfung ausmacht. Es bringt sie nur zu Ende.

Designed in California, assembled in China, wie es für Produkte mit dem angebissenen Kernobst heißt, ist geradezu eine Parabel dafür, wie sich das eine vom anderen getrennt und entfernt hat, nicht nur systematisch, sondern auch geografisch. Wer über die Kreativität von Arbeit nachdenkt, stößt dann eher auf die kalifornische als auf die chinesische Seite. Und so kann dann Arbeit ganz neu beschrieben werden. Arbeit ist immer weniger die Umformung von Materie in gebrauchsfertige Güter, sondern die Rekombination von Problemlösungskonzepten zu Problemlösungen. Schon ästhetisch gesehen wird Arbeit dadurch zu einer sauberen Angelegenheit. Nicht einmal Modelle von Produkten müssen mehr mit Spachtel, Formmasse und Schleifpapier hergestellt werden, sondern gewinnen ihre Gestalt am CAD-Terminal und werden dann von einem 3D-Drucker ausgespuckt. Nachdem die schmutzigen Arbeitsbedingungen in der chinesischen Fabrik für die erwähnten in Cupertino designten Produkte in weltweiten Medien allzu sichtbar geworden sind, hat sich die Firma Foxconn entschlossen, Arbeiter durch Roboter zu ersetzen. Der Foxconn-CEO Terry Guo meinte auf Nachfrage, aus den Arbeitern bei Foxconn würden dann Ingenieure und Techniker werden – will heißen: Es wird sauberer, ähnlich sauber wie in Cupertino.

In der vierten industriellen Revolution, der Industrie 4.0, geht es also um die Selbstoptimierung von Abläufen. Menschliche Arbeit reduziert sich zum einen auf das Design der Produktionsanlagen, auf die Algorithmisierung von Prozessen, die sich kybernetisch während des Prozesses selbst steuern, zum anderen auf die Rolle bloßer Moderatoren. Ob es so weit kommt, wird man sehen. Schon die in den 1980er-Jahren mit der Produktion des Golf II bei Volkswagen initiierte Automatisierung der Produktion in der berühmten Wolfsburger *Halle 54* hat die Erwartungen keineswegs erfüllt. Das war Industrie 3.0. Es mag auch daran gelegen haben, dass die Möglichkeiten der prozessgesteuerten Selbstoptimierung durch Algorithmen noch nicht so weit waren. Industrie 4.0 soll dies nun ermöglichen – und es hat fast etwas Poetisches, wenn das von der Fraunhofer-Gesellschaft herausgegebene Gutachten zu Industrie 4.0, das als Programmpapier für diese industrielle Revolution gelesen werden kann, auf den Arbeiter stößt.[2] Dort heißt es, die Menschen seien eher Dirigenten und Koordinatoren. Die Muskel- und die Denkarbeit dagegen würden die Maschinen übernehmen. Wohlgemerkt: beides. Denken heißt hier: Rekombination von Konzepten und Komponenten, Just-in-time-Prozessoptimierung und so weiter. Und Muskelarbeit ist eben Muskelarbeit. Was das Gutachten jedenfalls vermittelt, sind tatsächlich Sauberkeit, Optimierung, perfekt abgestimmte Prozesse, Hochwertigkeit. Es hört sich alles nach polierten Aluminiumflächen an. Nach Perfektion. Und die Mensch-Maschine-Schnittstelle wird insofern durchlässig, als man gar nicht mehr genau weiß, wo Mensch endet und wo Maschine beginnt.

In den utopischen Beschreibungen der Fraunhofer-Gesellschaft kommen einfache Tätigkeiten nicht mehr vor. Doch wer macht zukünftig den Dreck nach dem Meeting weg? Wer macht all das, was nicht algorithmisch organisierbar ist? Sich nicht digital beschreiben oder kompliziert planen lässt? Wie kommt die Selektivität bei der Beschreibung solcher Prozesse zustande?

Man könnte meinen: Weil es davon fast nichts mehr gibt, weil Arbeit heute eben nicht mehr einfach ist. Das liegt nahe, aber es stimmt nicht. Richtig ist, dass der Anteil der Einfacharbeit in der Industrie in Deutschland tatsächlich gesunken ist – von 35,5 Prozent aller Arbeit im Jahre 1993 bis auf 23,0 Prozent im Jahre 2007.[3] Aber es ist immerhin mehr als ein Fünftel aller Arbeiten, die als Einfacharbeit gelten und eben nicht in erster Linie Rekombinationsarbeiten sind, deren oberstes Ziel Kreativität und nicht Reproduktion ist – von weltweiter Arbeitsteilung ganz zu schweigen.

Im Diskurs um die Arbeit spielen diese einfachen Arbeiten keine Rolle. Sie sind sogar aus der Beschreibung des Kapitalismus verschwunden. Den Kapitalismus beobachtet man derzeit hauptsächlich unter zwei Aspekten: Zum einen stellt sich die Frage, ob sich die Reproduktion und Versorgung von Bevölkerungen weiterhin auf die bekannten Mechanismen der Massenerwerbsarbeit stützen lässt – es ist also das Problem der sozialen Frage und der ökonomischen Formierung von Arbeit. Eine der international wichtigsten Referenzen dazu ist sicher der französische Soziologe Robert Castel.[4] Zum anderen wird ein »neuer Geist des Kapitalismus« ausgemacht, den Luc Boltanski und Ève Chiapello insbesondere an den Diskursen der Kritik an Arbeitsformen festmachen.[5] Boltanski und Chiapello sehen neben der bekannten Sozialkritik eine *Künstlerkritik* am Kapitalismus entstehen, die sich vor allem über die mangelnde Authentizität und die zu starke Marktorientierung, über mangelnde Selbstbestimmung und nicht zuletzt zu wenig Freiraum für den Einzelnen empört. Künstlerkritik heißen diese Formen auch, weil sie mit dem Wachstum des sogenannten Kreativsektors der Wirtschaft parallel laufen – ein Sektor, der auch klassische Industrieprodukte einholt, vom schönen und symbolisch passenden Automobil über lebensstildistinktionsfähige Alltagsprodukte bis zu ethischen Krediten. Unternehmen reagieren darauf mit einer starken Werteorientierung in ihren Selbstbeschreibungen. Auch das ist ein Ausdruck dafür, dass es um etwas Sauberes geht – um saubere Produkte, saubere Produktionen, saubere Emissionen und eine geordnete Welt, in der die *hard facts* gar nicht recht vorkommen wollen. Ist das noch Arbeit?

Arbeit verrückt

Was ist Arbeit? Arbeit verrückt. Zumindest physikalisch gesehen. Denn der physikalische Begriff für Arbeit meint nichts anderes als das Produkt aus Kraft und Wegstrecke. Verrichtete Arbeit rückt also einen Körper von hier nach dort. Mehr geleistet hat die Arbeit übrigens dann, wenn sie für diese Wegstrecke eine kürzere Zeit gebraucht hat. Leistung ist also Arbeit in Abhängigkeit zur Zeit. Gute Arbeit ist dann die, die besonders schnell zu Verrücktheiten führt. So geht sie als Kostenfaktor in betriebswirtschaftliche Gesamtrechnungen ein. Je mehr in kürzerer Zeit verrückt wird, desto günstiger und produktiver.

Das Verrückte ist nicht schön, aber nötig. Das ist ein altes Motiv. Es ist älter als das 19. Jahrhundert, in dem jene Konzepte von Arbeit entstanden sind, an denen wir noch heute laborieren, es steht bereits am Anfang der westlichen Kultur. Im ersten Buch Mose heißt es:»Im Schweiße deines Angesichts sollst du dein Brot essen.« Subsistenz ist Mühe, heißt das. Arbeit ist Subsistenz. Arbeit ist Mist. Und gerade weil sie Mist ist, muss man sie offensichtlich wollen. Das Motiv bleibt in der gesamten abendländischen Geschichte als die Geringschätzung der schweißtreibenden Arbeit erhalten, zu der man die Leute nur bekommt, wenn man sie theoretisch und moralisch verpflichtet, es dennoch zu wollen. Überall dort, wo Meisterdenker Sittlichkeit draufschreiben, steckt dahinter etwas, was diejenigen, die sittlich sein sollen, zunächst nicht wollen. Es gibt eine lange Reihe von Autoren, die dafür stehen: Aristoteles, Thomas von Aquin, Martin Luther, Johannes Calvin, Immanuel Kant, Benjamin Franklin. Arbeit wird, aus ganz unterschiedlichen Motiven, zu einer sittlichen Kategorie erhoben, zu einer Kategorie, die man gerade deshalb besonders erhaben darstellen muss, weil man morgens offensichtlich nicht freiwillig aufsteht.»Im Schweiße deines Angesichts« – das ist immer noch eines der entscheidenden Qualitätsmerkmale der Arbeit. Man darf sogar scheitern, wenn man nur»alles gegeben« hat.

Spätestens im 19. Jahrhundert wurde die Geringschätzung der schweißtreibenden Arbeit aufgegeben. Die Referenztexte dazu stammen zwar allesamt von Leuten, die keine schweißtreibende Arbeit leisten mussten, sondern wie der Autor dieser Zeilen recht konvenierend am Schreibtisch sitzen. Aber vielleicht sind es gerade diese Leute, die besonders schätzen konnten, was es bedeutet, wenn der Schweiß einem ins Angesicht tritt – eben weil sie es nicht müssen. Die Geschichte der Aufwertung der Arbeit beginnt nicht mit ihrer Erfindung – denn Arbeit gab es schon länger.

Was wir von früheren Kulturen kennen, sind nicht nur Schriftstücke, Texte und Symbole, sondern vor allem Verrücktheiten: Pyramiden und Tempel, Straßen und Aquädukte, Mauern und Werkzeuge, Städte und Artefakte. Archäologen und Historiker entbergen darin Symbolisches und Kulturelles, Deutungen und Bedeutungen. Aber zunächst mussten all diese Dinge da sein. Wie es so schön in Bertolt Brechts »Fragen eines lesenden Arbeiters« heißt:

Wer baute das siebentorige Theben?
In den Büchern stehen die Namen von Königen.
Haben die Könige die Felsbrocken herbeigeschleppt?
Und das mehrmals zerstörte Babylon
Wer baute es auf?

Brecht wollte eine materialistische gegen eine idealistische Geschichtsschreibung stark machen – aber jenseits solcher Kategorien wird tatsächlich deutlich: Zunächst müssen Felsbrocken verrückt werden, damit es Theben geben und damit man es kulturgeschichtlich einordnen und verstehen kann – es geht übrigens nicht um das Theben in Oberägypten, sondern um das zentralgriechische Theben. Aber auch am ägyptischen Theben interessieren uns vor allem die Symbolik der Figuren und die Kulturbedeutung, nicht die Steine und wie sie dort hinkamen.

Das änderte sich im 19. Jahrhundert – freilich geht es auch hier dann weniger um die Frage des Verrückten selbst, sondern um seine Bedeutung. Die beiden Referenzautoren dafür sind Hegel und Marx. Hegel hat auf zweierlei hingewiesen. Er hat gezeigt, dass Arbeit nicht einfach subjektive Tätigkeit eines Einzelnen ist, also nicht einfach eine Fertigkeit, die der eine gut und der andere besser beherrscht. Arbeit ist für ihn auch nicht einfach etwas Physikalisches, also das Produkt aus Kraft und Wegstrecke. Vielmehr entdeckt Hegel in der Arbeit ein Allgemeines, will heißen: Die Art und Weise, wie gearbeitet wird, ist Ausdruck eines allgemeinen Verhältnisses des subjektiven Menschen zu den objektiven Verhältnissen. Letztlich weiß schon Hegel, dass nicht der einzelne Mensch Werkzeuge oder Maschinen gebraucht, sondern dass das Werkzeug die Art und Weise der menschlichen Arbeit bestimmt. Wie die Maschine das Arbeiten maschinenmäßiger macht, digitalisiert die Computertechnik nicht nur die stoffliche Produktion selbst, sondern macht auch den Arbeitsprozess des Arbeitenden selbst digital. Hegel hat sogar schon die Produktionsverhältnisse beschrieben, also etwa die Tatsache, dass niemand mehr die Dinge produziert, die er selbst braucht. Damit wird jede konkrete Arbeit zur Arbeit am Ganzen. Arbeit wird eine abstrakt-allgemeine Tätigkeit – was auch dazu führt, dass selbst die einfachste, die für sich isoliert sinnloseste Tätigkeit zu einem Teil der Totalität der Gesamtbefriedigung von Bedürfnissen wird. Um ein drastisches Beispiel zu konstruieren: Man kann sein ganzes Leben lang Nägel oder Schrauben herstellen, ohne dass man von Nägeln oder Schrauben konkret leben könnte. Aber unter Abstraktion von der je eigenen Tätigkeit geht die Produktion von Schrauben und Nägeln in die Totalität der Produktion und damit der Befriedigung von Bedürfnissen ein, sodass der subjektiv Tätige durch seine Vermittlung mit der objektiven Tätigkeit dann doch von Schrauben und Nägeln leben kann.

Der zweite Aspekt, der sich schon bei Hegel findet, ist der Aspekt der Anerkennung. Das Problem der Anerkennung der Arbeit findet sich ja letztlich erst dort, wo der Sinn der Arbeit selbst nicht wirklich sichtbar wird. Bleiben wir bei den Schrauben und Nägeln: Niemand braucht Schrauben und Nägel. Niemand kann wirklich Schrauben und Nägel wollen. Insofern ist es auch schwer, das Herstellen von Schrauben und Nägeln ernsthaft anzuerkennen. Nur deshalb entdeckt Hegel das Problem der Anerkennung im Verhältnis von Herr und Knecht. Damit der Knecht das will, was er soll, muss nicht anerkannt werden, *was* er tut, sondern *dass* er tut. Arbeit wird damit etwas Abstraktes – sie abstrahiert von der konkreten Tätigkeit, und Arbeit wird damit zu einem Wert an sich.

Die Dialektik von Herr und Knecht entsteht dadurch, dass der Knecht etwas kann, wovon der Herr abhängig ist. In diesem Abhängigkeitsverhältnis kann erst dann ein Ausgleich ermöglicht werden, wenn beide Seiten sich wechselseitig anerkennen und dies anerkennen. Erst dann wird aus dem Abhängigkeits- ein Freiheitsverhältnis und Arbeit letztlich zu einer Freiheitsquelle. Dies ist der Ursprung der bürgerlichen Idee, nicht arbeiten zu *müssen*, sondern arbeiten zu *wollen*. Bürgerlich ist diese Idee auch deshalb, weil sie letztlich nur das Gesamtinteresse der Totalität und die Befriedigung der Gesamtbedürfnisse im Blick hat, nicht aber das Bedürfnis des einzelnen Arbeiters. Vielleicht verwechselt diese Idee der Arbeit tatsächlich die Mühen des Verrückten – also der Bewegung fester Körper in der Zeit – mit den Mühen des Schreibtisches, an dem sich das Allgemeine auf den *Begriff* bringen lässt. Es ist eine Theorie der Arbeit ohne Verständnis für die Arbeit selbst.

So jedenfalls kritisiert Marx die hegelsche Theorie abstrakter Arbeit. Marx ist unübertroffen darin, das der modernen Arbeitsform inhärente Entfremdungspotenzial entdeckt zu haben. Während für Hegel das Befreiungspotenzial der Arbeit noch darin besteht, dass in jeder einzelnen Tätigkeit die Totalität der Bedürfnisse abstrakt bearbeitet wird, hat Marx eher die konkrete Arbeit im Sinn, also die Arbeit, wie sie aus der Perspektive des konkreten Produzenten erscheint. Zunächst betont er in den ökonomisch-philosophischen Manuskripten von 1844: »Eben in der Bearbeitung der gegenständlichen Welt bewährt sich der Mensch daher erst wirklich als ein *Gattungswesen*. Diese Produktion ist sein werktätiges Gattungsleben. Durch sie erscheint die Natur als *sein* Werk und seine Wirklichkeit. Der Gegenstand der Arbeit ist daher die *Vergegenständlichung des Gattungslebens des Menschen*: indem er sich nicht nur wie im Bewußtsein intellektuell, sondern werktätig, wirklich verdoppelt und sich selbst daher in einer von ihm geschaffenen Welt anschaut.«[6] Als *entfremdete* Arbeit aber entreißt Arbeit dem Menschen dann nichts weniger als sein Gattungsleben. Entfremdete Arbeit ist nicht einfach zu schlecht bezahlte Arbeit. Marx schreibt: »Eine gewaltsame *Erhöhung des Arbeitslohns* (…) wäre also nichts als eine bessere *Salairung der Sklaven* und hätte weder dem Arbeiter noch der Arbeit ihre menschliche Bestimmung und Würde erobert.«[7] Und geradezu im Vorgriff auf und gegen den real existiert habenden Sozialismus fügt Marx auf derselben Seite an, dass selbst eine »Gleichheit aller Salaire« nichts an der strukturellen Entfremdung ändern würde, es würde nur »die Gesellschaft« als »abstrakter Kapitalist« gefasst. Entfremdet ist Arbeit dadurch, dass die Produktion und das Produkt dem Arbeiter dadurch fremd werden, dass er die Dinge nicht für sich, sondern für einen abstrakten Markt herstellt, von dem er über den Mechanismus des Privateigentums letztlich ausgeschlossen bleibt. Nicht einmal kaufen könne der Arbeiter die Waren, die er herstellt, und deshalb stellt er eben auch Waren her, die nicht für ihn gemacht sind.

Letztlich stößt also auch Marx wie Hegel auf das Problem der Anerkennung – letztlich als Wiederaneignung des Gattungslebens dadurch, dass der Mensch wieder einen Bezug zu den Produkten seiner Arbeit erhält. Das ist durchaus eine angemessene Problembeschreibung. Aber dahinter steht womöglich auch eine allzu romantische Vorstellung darüber, wie man sich gesellschaftliche »Totalität« vorzustellen habe. Das Problem romantischer Totalität besteht darin, dass sie am Ende dann doch als autoritäre Totalität daherkommen muss, denn eine moderne, komplexe Gesellschaft entzieht sich Totalitäten schon wegen ihres Komplexitätsgrades. Am Ende ist Marx bei aller Hegel-Kritik dann doch ein Hegelianer geblieben, und am Ende ist die Totalitätsperspektive eines hegelschen Denkens tendenziell immer totalitär. Und deshalb gerät die politische Umsetzung einer Aufhebung der Entfremdung durch Einbeziehung der Totalität stets in eine Strategie, die die Gesellschaft ähnlich steuern will wie eine Organisation.

Man müsste gewissermaßen die Aufhebung der Entfremdung von den Produkten mit der Entfremdung von pluralistischen Entfaltungsmöglichkeiten, mit dem Verzicht auf Abweichung und Variation, auf Freiheitsmöglichkeiten und Alternativen erkaufen. Es geht hier letztlich um den Mechanismus dessen, was eine Gesellschaft ausmacht: um die unkontrollierbare Gleichzeitigkeit von Unterschiedlichem, die man durch Phantasmen wie Totalitäten zu kompensieren versucht hat.

Weil man diese Komplexität einer Gesellschaft, die eben nicht wie eine Organisation gesteuert werden kann, nicht sehen wollte, haben sich auch sozialwissenschaftliche Beschreibungen der Gesellschaft allzu lange damit aufgehalten, die einzelnen Tätigkeiten durch Totalitäten zu vermitteln – durch eine Überbetonung moralischer Integration bei Émile Durkheim, durch eine Überschätzung des Politischen in aller Sozialwissenschaft, die kritisch sein wollte, durch eine Überschätzung der Integration durch Normen und Werte im Strukturfunktionalismus. Dass Gesellschaften komplex sind, dass sie sich dem subjektivierenden Zugriff entziehen, dass ihre innere Dynamik sich für direktives Steuern immun macht, dafür gibt es kaum eine Beschreibungstradition – wenigstens keine, die die Gesellschaft als ganze beschreiben könnte. Aus einzelnen gesellschaftlichen Teilbereichen wusste man das schon eher.

Ökonomen wissen etwas über die Eigendynamik von Märkten. Pädagogen wissen etwas über die Widerständigkeit von Zöglingen und das merkwürdige Technologiedefizit der Erziehung. Medienleute wissen, dass ihre Beschreibung das Beschriebene erst erzeugt und schon deswegen unkalkulierbar macht. Techniker und Ingenieure wissen um das Problem der Rückkopplung. Wissenschaftler können wissen, dass das, was sie sehen, vom eigenen Blick abhängt, nicht vom Erblickten. Theologen wissen, dass der Mensch, wiewohl Schöpfer Gottes, sich vom Schöpfer abwenden kann. Und wenigstens kluge Politiker wissen, dass kollektive Bindung von (Wahl-)Motiven noch keinen Zugriff auf gesellschaftliche Dynamiken erlaubt.

Irgendwie ist die Totalität, von der man im 19. Jahrhundert so sehr geträumt hat, abhandengekommen – und was sich als Problembeschreibung bei Hegel und Marx auf die Arbeit bezieht, bezieht sich inzwischen auf das Selbst- und Weltverhältnis der Menschen schlechthin: Der Zugriff aufs Ganze ist verloren gegangen – was selbst eine Fehlbeschreibung ist, weil es diesen angeblichen Zugriff nur deshalb geben konnte, weil nur wenige Zugriff auf zeitfeste Beschreibungsmedien hatten. Also schon der Alphabetisierungsgrad der Bevölkerung verhindert die alternativlose Tradierung von Beschreibungen. Genauer formuliert: Der Zugriff aufs Ganze ist geradezu undenkbar und unplausibel geworden. Aber vielleicht ist diese Art der Entfremdung erst die Voraussetzung für die Bedingung der Kritik: dass sich das Individuum eben nicht mit der Totalität identisch weiß. Wie sollte ein Individuum in einer komplexen Gesellschaft auch sonst aussehen? Vielleicht ist deshalb die Beschreibung der Individualisierung auch eine der wirkmächtigsten Beschreibungen für westliche Gesellschaften geworden – und zwar in der ambivalenten Diagnose eines Verlusts der Totalität einerseits und des Gewinns von Abweichungsmöglichkeiten und damit Unterscheidbarkeiten andererseits.[8] Paradox formuliert: Die Totalität, die man über die moderne Welt formulieren kann, ist, dass es keinen Zugriff auf die Totalität geben kann. Was geschieht, geschieht zustandsdeterminiert irgendwo und irgendwann und wird netzwerkartig, dynamisch, in Rückkopplungen und chaotisch aufeinander bezogen. Das macht die Schnelligkeit, die Unkalkulierbarkeit, aber auch die Freiheits- und Abweichungsmöglichkeiten der gesellschaftlichen Moderne aus. Entfremdung von der Totalität erzeugt gewissermaßen die Chance ihrer Überwindung.

Das Problem der Entfremdung ist nicht gelöst

Und doch ist das Problem der Entfremdung der Arbeit nicht gelöst – weder im Sinne der Versöhnung der individuellen Tätigkeit mit dem allgemeinen, abstrakten System der Bedürfnisse im hegelschen Sinne, noch das Problem einer Versöhnung von Produktion und Produzent im Sinne einer Entfremdungskritik. Mit der Überwindung einfacher Arbeit sieht es so aus, als könne diese Vermittlung leichter beginnen. Der Großteil der Arbeit hat sich auf *White-Collar*-Jobs verlagert, wie es in den 1950er-Jahren schon der US-amerikanische Soziologe C. Wright Mills formuliert hat.[9] Die Angestelltenklasse wurde eine, bei der es so aussah, als sei das Entfremdungsproblem schon dadurch gelöst, dass die Bewältigung der eigenen Arbeit von der Verrückung fester Körper auf kommunikative Ressourcen umstellen konnte. Ende der 1960er-Jahre hat Jürgen Habermas in Rekonstruktion Hegels die Totalitätsorientierung von Arbeit dahin gehend rekonstruiert, dass Arbeit zwar eine instrumentelle Tätigkeit ist, aber auf kommunikative Ressourcen angewiesen ist – *Arbeit und Interaktion* sind keine grundlegenden Gegensätze, sondern Arbeit sei gar nicht anders denkbar denn als eine Möglichkeit, mit der sich der arbeitende Mensch durch kommunikative Verständigung selbst im Arbeitsprozess und damit in der Gesellschaft positionieren konnte und damit eine stabile Ich-Identität auszubilden in der Lage war.[10] Daraus spricht nach wie vor jene alte auf Hegel und Marx zurückgehende Vorstellung der Zentralstellung der Arbeit für die gesellschaftliche Stellung des Menschen – nicht nur im Sinne seines ökonomischen Auskommens, sondern auch im Hinblick auf seine eigene kommunikative Verortung, auf die Möglichkeit seiner Selbstbeschreibung.

Der Beruf eines Menschen ist nach wie vor das entscheidende zugeschriebene Identitätsmerkmal, das wir kennen. Was wir von Menschen als Erstes erfahren, ist ihr Geschlecht, spätestens das Zweite ist der erlernte oder ausgeübte Beruf, der wiederum über die Positionierung innerhalb der Schichtung der Gesellschaft entscheidet. Daran hat sich bis heute nichts geändert. Und insofern ist schon die Positionierung der unterschiedlichen Tätigkeiten in einer hocharbeitsteiligen Arbeitsgesellschaft Teil jener Interaktion, die Arbeit immer beinhaltet.

Man kann das an den »einfachen« Arbeiten gut erkennen, die nur den Dreck wegmachen – Arbeiten mit wenig Anerkennung, Arbeiten, die weit weg sind von den Industriestrategien 3.0 (Automatisierung) und 4.0 (Algorithmisierung), auch weit weg von den neuen Anforderungen an ein »unternehmerisches Selbst« oder an einen »Arbeitskraftunternehmer«, also weit weg von jenen bürgerlichen Formen prestigeträchtiger Tätigkeitsfelder. Aber gerade an den einfachen Arbeiten lässt sich womöglich zeigen, worum es geht. An ihnen wird wirklich deutlich, was nach wie vor als Problem der Vermittlung von individueller Tätigkeit und Abstraktem wirkt – nur eben nicht mehr mit dem Ziel einer totalitären Vermittlung.

Mehr als 20 Prozent der deutschen Industriearbeit bestehen, wie oben schon erwähnt, aus einfacher Arbeit, Arbeit von Ungelernten oder einfach zu lernenden Tätigkeiten – Arbeiten übrigens, die man aus betrieblichen Gründen nicht loswird, also: notwendige Arbeit.[11] Dass einfache Arbeiten von Ungelernten durchaus prekär sein können, weil sie schlecht bezahlt sind, wenig Karriereperspektiven bieten und konjunkturabhängiger sind als andere Arbeiten, ist unbestritten. Aber es lohnt sich schon, darüber nachzudenken, welche Bedeutung dieserart Tätigkeiten eigentlich haben. Letztlich handelt es sich dabei um Tätigkeiten, die sich der Automatisierung und Digitalisierung, Algorithmisierung und Optimierung schon deshalb entziehen, weil sie schnell auf Störungen reagieren müssen und eben nur den Dreck wegmachen müssen, der einfach liegen bleibt. Es ist eine nicht zurechnungsfähige Arbeit. Man wird nicht im Lebenslauf beschreiben können, wie gut man den Dreck weggeräumt hat – man wird aber in den Lebenslauf schreiben können, dass man im Kreditgeschäft Portfolios eines Unternehmens bereinigt hat, was auch nichts anders ist, als Dreck wegmachen, schmutzige Kredite etwa. Den Dreck wegzuräumen ist nicht einfach, sondern es ist gewissermaßen der in der Industrie 3.0 und 4.0 nicht organisierbare Rest. Wer nach dem Meeting oder nach dem komplizierten Koordinationsprozess den Dreck wegmachen muss, muss oftmals flexibler reagieren als diejenigen, die letztlich in hybriden Arbeitssystemen an der Schnittstelle zwischen Mensch und Maschine nur Teil eines Algorithmus sind oder die in einem hochgradig arbeitsteilig organisierten Prozess so sehr in engmaschige Planungen eingebunden sind, dass sie dadurch radikal überlastet werden. Flexibler deshalb, weil diese Tätigkeiten eben nicht nur sich einfach wiederholende Handlangertätigkeiten sind, sondern bisweilen eben auch jene Reste entsorgen, die ungeplant oder für die Sache selbst irrelevant anfallen. Einfache Arbeiten reagieren auf das, was übrig bleibt – und deshalb sieht es niemand. Nicht umsonst hat kürzlich der Chef der Bundesanstalt für Arbeit (BA) dazu aufgefordert, die einfache Arbeit mehr zu »achten« – also eine Anerkennungsoffensive, mit der diese Arbeit in die Interaktion hineingeholt werden soll, um die Entfremdung der arbeitenden Personen aufzuheben, was durchaus auch ein Signal an die Tarifparteien sein soll, solche Arbeiten durch angemessene Löhne anzuerkennen. Selbst einer der Päpste des Marktliberalismus, Friedrich August von Hayek, war ein Verfechter eines staatlich kontrollierten Mindestlohns, auch wenn dies dem Dogma der Selbstregulierungskräfte des Marktes entgegensteht. Entfremdungskritik scheint also vor allem am unteren Rand der Arbeitspyramide gut zu funktionieren – mit einer Kombination aus Anerkennung durch Interaktion und Geld, wie der Diskurs um den Mindestlohn zeigt. Wie aber verhält es sich mit den komplexen Arbeiten, wenn das die andere Seite der einfachen Arbeiten ist? Anders gefragt: Wie sieht Entfremdung 2.0 aus?

Entfremdung 2.0

Komplexe Arbeitsformen verlangen im sogenannten »flexiblen Kapitalismus« andere Formen der Selbststeuerung des arbeitenden Menschen. In der Soziologie werden solche Entwicklungen derzeit gerne kritisch gekontert: Eine der Figuren ist das »unternehmerische Selbst«, das gewissermaßen ein reflexives Verhältnis zu den eigenen Ressourcen einnehmen muss und Arbeit zwar nach wie vor auf Kommando macht, nun aber auf eigenes Kommando.[12] Diese Beschreibung operiert im Modus der Kritik, oszilliert aber in der merkwürdigen Dialektik, dass sich in die Selbstorientierung des arbeitenden Subjekts tatsächlich so etwas wie riskante Entscheidungen einschleichen müssen, damit das, was dort geschieht, tatsächlich als eigene Entscheidung taugt. Die hegelsche Vermittlung mit der Totalität ist eben nur in Kombination damit zu haben, dass die freie Entscheidung sich der Totalität unterwirft – aus dieser Dialektik der Freiheit gibt es wohl kaum ein Entkommen. Die andere Figur ist der »Arbeitskraftunternehmer«[13], den Dirk Baecker (in diesem *Kursbuch*) einer eingehenden Analyse unterzogen hat und sich darüber wundert, wie stabil der »denunziatorische« Charakter der beiden Begriffe »Arbeit« und »Unternehmer« funktioniert, obwohl gerade darin eine Möglichkeit aufscheint, aus der unterbrochenen Relation traditioneller Arbeitsverhältnisse mit Organisations-, Mitgliedschafts- und Sicherheitsformen Kapital zu schlagen. Ob diese Figur als Modell für Arbeit schlechthin oder gar als Utopie taugt, sei dahingestellt – aber die Figur verweist wenigstens darauf, wie eine Gesellschaft auf sich selbst reagiert, die sich eben nicht wie ein Betrieb organisieren lässt.

Ich möchte am Ende in eine andere Richtung denken, in eine Richtung, die eher die Arbeit selbst in den Blick nimmt. Die meisten Arbeitskämpfe haben versucht, Mengenprobleme zu bearbeiten. Arbeitskämpfe waren Kämpfe um mehr Geldmengen (Löhne) und weniger und mehr Zeit (Arbeitszeit, obligationsfreie Zeit), zugleich auch ein Kampf um angemessene Arbeitsbedingungen und Bedingungen für Leistung (= Arbeit in der Zeit). Andeutungsweise lässt sich vielleicht zeigen, in welche Richtung letztlich das Unbehagen an Arbeit derzeit reicht. Schon an den Statistiken über die Gründe für Frühverrentung oder krankheitsbedingten Arbeitsausfall lässt sich dieses Unbehagen ablesen: Waren es vor wenigen Jahren noch vor allem Muskel- und Skeletterkrankungen, die für solche Ausfälle sorgten, sind es nun in steigendem Maße psychische Erkrankungen. Beides weist auf Fehlanpassungen und Überlastungen hin – früher auf die körperliche, die physische Ergonomie, nun auf die Psyche.

Was unter besonders komplexen Bedingungen Arbeit besonders anstrengend macht, sind Synchronisationsprobleme. Man kann Modernisierungsprozesse wohl tatsächlich als Steigerung von Synchronisationsproblemen generalisieren. Die technische Reaktion darauf ist die Algorithmisierung von Prozessen, das sogenannte Echtzeitmanagement. Belastung durch schwere Arbeit wird abgelöst durch Belastung durch Koordinationsarbeit. Letztlich sind industrielle Prozesse heute in erster Linie Koordinations- und Synchronisationsaufgaben sowohl auf der sachlichen wie auf der zeitlichen und der sozialen Ebene.

Es muss rekombiniert werden, was nicht zusammengehört, es müssen Variationen von Bekanntem hergestellt werden, sachlich Unterschiedliches muss kompatibel gemacht werden, die Arbeitsteilung in

Unternehmen geht über die klassischen Fachabteilungen hinaus. Diese Sachebenen erfordern auf der sozialen Ebene eine permanente Form der Absprache, der Erfindung gemeinsamer Sprachen und des Zuständigkeits- und Zurechnungsmanagements, was in zeitlicher Hinsicht dazu führt, dass unterschiedliche Geschwindigkeiten miteinander koordiniert werden müssen und Lösungen eben nicht auf Lager gehalten werden können, sondern da sein müssen, wenn man sie braucht. In psychischer Hinsicht bedeutet das das permanente Gefühl, Aufgaben nie wirklich lösen zu können, nie wirklich fertig zu werden. Das Kraft- und Mengenproblem ließe sich noch abarbeiten. Die Lösung von Synchronisationsproblemen erzeugt aber sofort neue Synchronisationsprobleme. Arbeit ist nie fertig – was dazu führt, dass sich dann auch der Begriff der Leistung als »Arbeit in der Zeit« obsolet macht, weil Arbeitsprozesse kaum zeitlich zu einem Ende kommen können.

Konterkariert wird das Ganze noch durch die Mediatisierung durch den Computer und Computernetze, die eine Aufmerksamkeitsüberforderung erzeugen. Und in dieser Gemengelage kommt dann noch die Kritik der Arbeit als eine ästhetische Kritik dazu – ich habe Boltanski und Chiapello oben schon erwähnt. Die Künstlerkritik an der Arbeit reagiert darauf, dass Kreativität, Authentizität und Sinn diejenigen Kategorien sind, nach denen sich so etwas wie die Totalität des Bedürfnissystems auf den Begriff bringen lässt – wiederum konterkariert dadurch, dass der Arbeitsprozess selbst eine Form annimmt, in der der Einzelne eben nicht mehr jener Inhaber einer Position ist, an die stabile reziproke Verhaltenserwartungen gerichtet werden – das übrigens in der Nomenklatur der Soziologie dafür steht, was eine soziale Rolle ausmachen soll. Arbeit entfremdet sich nicht mehr durch eine Abkoppelung der Arbeit vom produzierenden Subjekt, sondern eher dadurch, dass das produzierende, arbeitende Subjekt selbst keine Distanz mehr zu seiner Arbeit aufbauen kann. Es geht also inzwischen weniger darum, ob der Produzent etwas mit dem Produkt anfangen kann, sondern nun darum, dass sich der Arbeitsprozess selbst in den Produzenten hineinverlagert.

Wenn Arbeit hauptsächlich Synchronisationsarbeit wird, dann wird der Arbeitende selbst zum Werkstück – die Hybridisierung durch algorithmisierte Maschinen der Industrie 4.0 ist dafür nur ein ästhetischer Ausdruck. Analog zum »unternehmerischen Selbst« wird die Arbeit selbst ein Selbstmanagement. Das lässt sich in Marx' Unterscheidung von einfacher und komplizierter Arbeit gar nicht mehr abbilden – denn Arbeit wird nun wirklich zur Selbsterzeugung, nicht der Gattung, sondern des konkreten arbeitenden Exemplars. Dieses Exemplar findet sich dann in überlasteten Verhältnissen wieder, auf die es psychisch mit Überlastung und Burn-out reagiert wird. Die Entfremdung 2.0 scheint tatsächlich ein Koordinationsproblem zu sein, eines, das sich so sehr in Komplexitäten verliert, dass flexible Reaktionen unmöglich werden.

Einfache Arbeit als Utopie?

Hier nun kommt die einfache Arbeit wieder ins Spiel. Wie oben angekündigt: Es folgt hier nicht eine Kritik an komplexer Arbeit und eine Apologie des Einfachen – das wäre zu einfach. Es geht vielmehr um die Frage, warum es in Arbeitsorganisationen einfache Arbeit überhaupt noch gibt.

Der Aufruf, einfache Arbeit stärker wertzuschätzen, erscheint nun in einem ganz anderen Licht. Einfache Arbeit gibt es ja nicht einfach, weil es einfache Leute gibt. Einfache Arbeit gibt es, weil in den durchgeplanten Industrieformen offensichtlich etwas übrig bleibt, auf das man flexibel reagieren muss. Es muss jemand da sein, der den Mist wegmacht, der auf Unerwartetes reagiert, der Dinge hin und her trägt. Dass überhaupt etwas übrig bleibt, mag eine Metapher dafür sein, dass sich nicht alles dem Algorithmus der sauberen Arbeit fügt. Und damit wird die bloße Existenz einfacher Arbeit eine Parabel darauf, dass in Organisationen stets ein unorganisierter Rest bleibt, der wie im Falle einfacher Arbeit flexibel gehandhabt werden muss. Man muss eben den Dreck wegmachen.

Glaubt man den Klagen über heutige Formen überfordernder Arbeit, dann ist es vor allem das Gefühl, dass da nichts übrig bleibt. Wenn es stimmt, dass Kreativität und neue Lösungen, dass die Anpassungsfähigkeit von Systemen an veränderte Umweltbedingungen und dass Überraschungs- und damit Informationsfähigkeit davon abhängt, lose Enden anders zu rekombinieren als vorher, dann muss etwas übrig bleiben. Dann muss es Arbeitsphasen geben, in denen nicht das geschieht, was geschehen muss, sondern in denen einfach gearbeitet wird – einfach in dem Sinne, dass die Dinge nicht schon durch den geltenden Algorithmus abgedeckt sind. Wer arbeitet, braucht Spielräume, eine *requisite variety*, braucht Distanzierungsmöglichkeiten, braucht einen unorganisierten und unorganisierbaren Rest, um wirklich selbst zu arbeiten und nicht im Arbeitsprozess selbst aufzugehen.

Wenn der BA-Chef mehr Wertschätzung für die übrig gebliebene Arbeit einfordert, dann bedarf es weit darüber hinausgehend auch mehr Wertschätzung für eine generelle Neubestimmung dessen, was übrig bleibt. Wertschöpfung ergibt sich heute eben nicht nur aus der effizienten Nutzung von Ressourcen und aus der kostensensiblen Anordnung von Komponenten, sondern daraus, wem es gelingt, überraschend zu rekombinieren. Dafür müssen Ressourcen da sein, in denen innegehalten wird, in denen Unterbrechungen vorkommen und in denen das in den Blick kommt, was übrig geblieben ist. Es sind immer die schmutzigen, die nicht passenden Elemente der Arbeit, immer die, die aus den Hochglanzbeschreibungen herausfallen, die für Neues sorgen. Alle neuen Lösungen, die meisten Innovationen waren zunächst Mist, die diejenigen, die Bescheid wissen, am liebsten weggewischt hätten. Sie passen nicht zu den polierten Aluminiumflächen. Sie nutzen aber das, was übrig bleibt. Insofern ist die einfache Arbeit, die das Unsichtbare macht, tatsächlich eine Parabel auf Arbeitsorganisation schlechthin. Wie man in Arbeitsorganisationen einen nicht organisierbaren Rest findet, den man Einfacharbeit nennt, sind auch komplexe Tätigkeiten auf diesen unorganisierbaren Rest angewiesen. Man muss die Einfacharbeiter durch Anerkennung aus den prekären Verhältnissen herausholen, ohne dabei die Prekarität der durchgeplanten Industrie 4.0 zu übersehen, deren Durchalgorithmisierung zwar auf selbst erzeugte Kontingenz reagieren kann, aber auf nicht selbst erzeugte nicht. Es braucht eben Leute, die den Mist wegmachen, die das Unorganisierbare besorgen – und etwas damit anfangen. Die Industrie 4.0 macht aus Leuten nur noch Moderatoren – das riecht stark danach, wie man zu Marxens Zeiten Entfremdung beschrieben hat, nämlich als Abkopplung der Arbeit vom Produkt, und es könnte sich das wiederholen, was in der Industrie 3.0 schon einmal passiert ist: Automatisierung hat auch dazu geführt, dass das Engagement der Leute sank, weil sie nur noch vermittelt gebraucht wurden und nicht unmittelbar.

Ein ordentlicher Controller wird sagen: Wie naiv und unkalkulierbar. Ein unordentlicher Controller wird sagen: Ja, hier müssen wir investieren, denn nur in den Grau- und Übergangszonen entstehen Unterschiede. Und der Arbeitskraftunternehmer wird fragen: Wie kann ich mir diese Reservate schaffen, um die Industrie mit ihren eigenen Mitteln zu schlagen? Und die Industrie muss fragen: Wo finde ich solche Selbstunternehmer als strategische Partner? Und die Kritik muss fragen: Wie kann man das organisieren, ohne dass jemand auf der Strecke bleibt? All diese Fragen sind legitim, denn sie führen zu losen Enden.

Anmerkungen

1 Marx, Karl: *Das Kapital. Kritik der politischen Ökonomie. Erster Band, MEW Band 23*. Berlin (DDR) 1962, S. 59.

2 Spath, Dieter (Hg.) et al.: *Produktionsarbeit der Zukunft – Industrie 4.0*. Stuttgart 2013.

3 Vgl. Abel, Jörg; Hirsch-Kreinsen, Hartmut; Ittermann, Peter: *Einfacharbeit in der Industrie. Status quo und Entwicklungsperspektiven. Soziologisches Arbeitspapier Nr. 24*. Dortmund 2009, S. 16.

4 Castel, Robert: *Die Metamorphosen der sozialen Frage. Eine Chronik der Lohnarbeit*. Konstanz 2009.

5 Boltanski, Luc; Chiapello, Ève: *Der neue Geist des Kapitalismus*. Konstanz 2003.

6 Marx, Karl: »Ökonomisch-philosophische Manuskripte aus dem Jahre 1844«. In: *MEW Band 40*. Berlin (DDR) 1968, S. 465–590, hier: S. 517.

7   Ebd., S. 520 f.

8   Immer noch unübertroffen und stilbildend Beck, Ulrich: *Risikogesellschaft. Auf dem Weg in eine andere Moderne.* Frankfurt am Main 1986.

9   Mills, C. Wright: *White Collar. The American Middle Class.* New York 1956.

10 Vgl. Habermas, Jürgen: »Arbeit und Interaktion. Bemerkungen zu Hegels Jenenser ›Philosophie des Geistes‹«. In: ders.: *Technik und Wissenschaft als »Ideologie«.* Frankfurt am Main 1968, S. 9–47.

11 Vgl. Hirsch-Kreinsen, Hartmut: »Wir brauchen einfache Arbeiter«. In: *Zeit* Nr. 32/2011 vom 08.08.2011.

12 Vgl. Bröckling, Ulrich: *Das unternehmerische Selbst. Soziologie einer Subjektivierungsform.* Frankfurt am Main 2007.

13 Pongratz, Hans Jürgen; Voß, G. Günther: *Arbeitskraftunternehmer. Erwerbsorientierungen in entgrenzten Arbeitsformen.* Berlin 2003.

Gerhard Klas
Mythos Mikrokredit
Warum Kleinstdarlehen die Armen noch ärmer machen

Es war eine mediale Erfolgsgeschichte. Und in vielen Kreisen gilt sie bis heute noch als solche: der Mikrokredit als probates Mittel zur Bekämpfung der Armut im globalen Süden. Die Grundannahme: Als Unternehmer können sich die Armen aus der Armut befreien – dafür brauchen sie nur etwas Investitionskapital. Das Problem: Banken gewähren den Armen in der Regel keine Kredite. Die Lösung: Mikrofinanzinstitute (MFI), die Kleinstkredite, umgerechnet zwei- bis dreistellige Eurobeträge, ohne herkömmliche Sicherheiten vergeben.

Diese simple Erzählung hat viele gesellschaftliche Akteure schnell überzeugt. Für die Mikrokredite hat sich in den vergangenen Jahren eine Allianz starkgemacht, die sonst nur selten zusammenkommt: Regierungen und Nichtregierungsorganisationen, Kirchengemeinden und Wissenschaftler, Banken und sogar einige Globalisierungskritiker. Staatliche und zivilgesellschaftliche Entwicklungsorganisationen sehen die Mikrofinanz zunehmend als Alternative zur klassischen Entwicklungshilfe. Ein Grund: Die Mikrokredite umgibt ein ganz besonderer Charme. Angeblich sind sie kein Produkt westlicher Entwicklungsexperten, sondern kommen aus Bangladesch, einem der ärmsten Länder der Welt.

Viel zu dieser Sichtweise beigetragen hat die mediale Durchschlagskraft eines Muhammad Yunus, der 2006 für seine Grameen Bank in Bangladesch mit dem Friedensnobelpreis ausgezeichnet wurde. Seit den 1970er-Jahren vergibt er Mikrokredite vor allem an Frauen. Aber: Diese Idee ist ein Import. Yunus hat sie mitgebracht aus den USA, wo er Ende der 1960er- und Anfang der 70er-Jahre Wirtschaftswissenschaften studierte und anschließend lehrte. Die neoliberale Wirtschaftstheorie machte damals großen Eindruck auf ihn, und der »Bankier der Armen« wollte durch große Mikrokreditprogramme all jene Strukturen abschaffen, die den Armen im Kapitalismus bislang Linderung und Hilfe versprachen: »Almosen, Suppenküchen, Lebensmittelmarken und Fahrten ins Krankenhaus zum Nulltarif sowie Straßenbettler hätten sich überlebt«, so Yunus.[1] »Genauso die staatlichen Arbeitslosen- und Rentenversicherungen.«

Breite Zustimmung – immer noch

Während die Chicago Boys mit dem Autokraten General Pinochet in Chile das erste neoliberale Großexperiment durchführten, kehrte Yunus nach Bangladesch zurück und vergab 1976 erstmals Kleinstkredite an Frauen. Heute hat seine Grameen Bank mehr als acht Millionen Kundinnen. Zum Grameen-Konglomerat gehören unter anderem die größte Telefongesellschaft Bangladeschs Grameenphone und mehrere Textilfabriken. Zu seinen Fürsprechern und Promotoren zählen international einflussreiche Persönlichkeiten wie der ehemalige US-Präsident Bill Clinton. Seit Jahren fährt Yunus nach Davos zum jährlichen Weltwirtschaftsforum. In solchen Kreisen stößt Yunus auf breite Zustimmung, wenn er ein »Grundrecht auf Kredit« fordert, mit dessen Hilfe man die »Armut ins Museum« verbannen könne.

Dabei sollte allein eine Zahl stutzig machen: Der weltweit durchschnittliche Zinssatz für einen Mikrokredit schwankt zwischen 27 Prozent (2011) und 35 Prozent (2008). Diese Zahlen stammen aus einer Quelle, die über jeden Verdacht der Übertreibung erhaben ist: von CGAP (Consultative Group to Assist the Poor), einem Zusammenschluss institutioneller Mikrofinanzinvestoren unter dem Dach der Weltbank in Washington, also einer Institution, die als Protagonistin der Mikrofinanz kein Interesse daran hat, diese Zahl möglichst hoch anzusetzen. Vielmehr ist davon auszugehen, dass die realen Kosten des Kredits – zu denen auch Zwangssparen und Zwangsversicherungen gehören – um einiges höher liegen. Ein gefeierter Branchenprimus, die mexikanische MFI Compartamos, kassierte 2010 sogar 195 Prozent Zinsen.

Trotz dieser aberwitzigen Zinssätze nimmt die Bedeutung der Mikrofinanz weltweit zu: Waren es im Jahr 2001 noch knapp drei Milliarden Dollar, wurden 2011 fast 90 Milliarden Dollar Mikrokredite weltweit vergeben.[2] Das entspricht in etwa dem Volumen der globalen öffentlichen Entwicklungshilfe. Und die Wachstumsprognosen sind gut: Die Deutsche Bank Research schätzt das Potenzial der Mikrokredite auf 250 Milliarden Dollar.

Genossenschaft – von wegen

Mikrokredit ist ein schillernder Begriff und wissenschaftlich nicht eindeutig definiert. Gerne verweisen die Befürworter der Mikrofinanz auf die Väter der deutschen Genossenschaftsbewegung: Schultze-Delitzsch und Raiffeisen. Aber dieser Verweis ist irreführend. In der frühen Genossenschaftsbewegung gab es größere Kredite zu niedrigeren Zinsen und längeren Laufzeiten. Die Kreditvergabe orientierte sich viel stärker an den Bedingungen der Kreditnehmer. Es gab eine effektive Kontrolle durch die Genossenschaftsmitglieder, und – besonders wichtig – das Geld blieb in einem lokalen Kreislauf.

Bei der Mikrofinanzindustrie, wie sie im englischsprachigen Raum genannt wird, handelt es sich hingegen um ein standardisiertes Topdown-Modell, mit hohen Zinsen, kleinen Beträgen, kurzen Laufzeiten und Ratenzahlungen im oft wöchentlichen Rhythmus – nach dem Vorbild der Grameen Bank. Besonders hervorzuheben ist an dieser Stelle: Investoren geben Geld in lokale Gemeinschaften, um es mit Profit wieder herauszuziehen.

Das entspricht der heute dominanten Mikrofinanz, die sich am Standard der CGAP orientiert: kommerziell und finanziell nachhaltig, was bedeutet, dass Mikrofinanzinstitute nach Möglichkeit ohne Zuschüsse und Subventionen auskommen sollen. Erst dann sind sie interessant als potenzielle Kapitalanlage für Finanzmarktakteure. »Financial inclusion« nennt das die CGAP: die Ärmsten der Welt in den globalen Finanzmarkt integrieren.

Diese »finanzielle Inklusion« führt zur massiven Umverteilung von Schuldnern an Gläubiger. Allein im Jahr 2010 sind mindestens 19,5 Milliarden US-Dollar an Kreditrückzahlungen für die Investoren geflossen.[3]

Kleingruppen, die in ihrer Community, also unter ihresgleichen, Geld einsammeln und es zinsfrei oder zu niedrigen Zinssätzen an ihre Mitglieder weiterverleihen, sind heute rar. Wenn in diesem Beitrag von Mikrokrediten die Rede ist, sind diese lokalen Spargruppen – Kreditgenossenschaften im eigentlichen Sinne – ausdrücklich nicht gemeint.

Oben die Weltbank, unten 200 Millionen Schuldner

Das Geschäft mit den Mikrokrediten ist – vereinfacht – wie eine Pyramide mit drei Ebenen aufgebaut. An der Spitze stehen mehrere Hundert Investoren, die man wiederum in drei Gruppen aufteilen kann. Die erste besteht aus institutionellen Investoren wie der Weltbank oder der deutschen Kreditanstalt für Wiederaufbau, die als einer der größten Investoren gilt und in den vergangenen Jahren mehrere Milliarden Euro in den Mikrofinanzsektor gepumpt hat – zum Teil über Verbriefungen von Schuldtiteln einiger Mikrofinanzinstitute. Diese institutionellen Investoren übernehmen, nebst ihren normalen Investments, oft sogenannte First-Loss-Tranchen; das heißt, wenn ein Mikrofinanzfonds in finanzielle Schwierigkeiten kommt, haftet zunächst die KfW mit ihren zum Teil aus Steuermitteln finanzierten Einlagen, damit private Investoren wie die Deutsche Bank keine Verluste machen. Die zweite Gruppe setzt sich aus kommerziellen Investoren zusammen.

Investmentgesellschaften und Banken vergeben Kredite direkt an MFI oder investieren über Fonds in sie. Ihr Interesse an der Mikrofinanz gilt dem finanziellen Gewinn. Die meisten dieser Mikrofinanzfonds sind in den Steueroasen Luxemburg und der Schweiz registriert.

Die dritte und letzte Gruppe der Pyramidenspitze sind sogenannte nicht kommerzielle Investoren wie Oikocredit oder Opportunity International, bei deren Anlegern nicht der Gewinn, sondern das soziale Engagement oder die christliche Nächstenliebe im Vordergrund steht. Ob die Unterschiede zu kommerziellen Investoren im Alltagsgeschäft von Bedeutung sind, ist allerdings ernsthaft zu bezweifeln, denn auch sie verlangen eine Rendite; sämtliche Investoren an der Spitze der Pyramide – auch die nicht kommerziellen – setzen auf finanzielle Nachhaltigkeit.

Ein Beispiel: Oikocredit, mit einem Kreditportfolio von 567 Millionen Euro – davon stecken 81 Prozent in Mikrofinanzprojekten – zahlt seinen Anlegern in Westeuropa ein bis zwei Prozent Zinsen; die als »Partner« bezeichneten Mikrofinanzinstitute, denen Oikocredit Geld leiht, müssen nach eigenen Angaben indes neun bis 13 Prozent Zinsen an Oikocredit zahlen, die zusammen mit den Personal- und Sachkosten der MFI von den armen Kreditnehmern in Form noch höherer Zinsen erwirtschaftet werden müssen. Zudem sind die von Oikocredit geförderten MFI oft mischfinanziert, sie beziehen gleichzeitig Finanzmittel auch von institutionellen und kommerziellen Investoren. Vor allem in Indien gibt es dazu anschauliche Beispiele: Share Microfin, Asmitha, Spandana lauten die Namen einiger großer indischer MFI, die nebst Geldern von kommerziellen Investoren auch mit Geldern von Oikocredit finanziert wurden und im Herbst 2010 wegen rüder Methoden des Geldeintreibens global in die Kritik gerieten.

Die zweite Ebene der Pyramide bilden die schon erwähnten MFI, von denen es weltweit mehrere Tausend gibt. Sie sind das Bindeglied zwischen Investoren und Schuldnern. Sie erhalten Geld von den Investoren, das sie an die Kreditnehmer weiterverleihen. Viele MFI sind aus Nichtregierungsorganisationen hervorgegangen und haben sich im

Laufe der Jahre als profitorientierte Institute privatisiert; andere sind weiterhin NGOs, aber heute auf Mikrofinanzen spezialisiert. In Bangladesch etwa gibt es kaum noch NGOs, die ohne Mikrofinanz auskommen. Seitdem kommerzielle Investoren verstärkt ins Geschäft eingestiegen sind, gibt es jedoch auch zunehmend direkte Neugründungen von MFI als *For-Profit*-Unternehmungen. Alle MFI bewegen sich in einem hochgradig unregulierten Sektor: Staatliche Aufsichtsbehörden für die Mikrofinanz fehlen in den meisten Ländern, außerdem gibt es keine gesetzlichen Pfändungsgrenzen für überschuldete Kreditnehmer. Die MFI haben somit Zugriff auf sämtliche Ressourcen der Schuldner, und dem potenziellen Missbrauch durch die Mitarbeiter der MFI sind kaum Grenzen gesetzt. Die MFI sind national, regional und global in einer schwer überschaubaren Fülle von Interessen- und Lobbyverbänden organisiert und vernetzt, durch die sie einen guten Zugang zu den Finanzregulierungs- und Geldgeberorganisationen haben; die Kunden hingegen verfügen über keine vergleichbaren Interessenvertretungen.

Die dritte Ebene, im entwicklungspolitischen Diskurs auch »the bottom of the pyramid« genannt, besteht aus mittlerweile mehr als 200 Millionen Schuldnern weltweit – hauptsächlich Frauen. Angeblich, weil ihre Rolle in der Familie und im Dorf gestärkt werden soll. Sardar Amin, ein Ex-Manager der Grameen Bank, nennt einen ganz anderen Grund: Frauen seien leichter greifbar und weniger mobil, weil sie größeres Verantwortungsgefühl für die Familie hätten, die sie um keinen Preis im Stich lassen wollen. Kann eine Schuldnerin nicht zahlen, fahren die männlichen Geldeintreiber oft im Pulk mit ihren motorisierten Zweirädern zu den Frauen nach Hause, um Druck zu machen. Aus Sicht der Banken eine sehr effektive Methode. Das Dorf ist der soziale Rahmen, in dem sich die Frauen – meist ihr ganzes Leben lang – bewegen. Dort die Würde zu verlieren ist gleichbedeutend mit sozialem Ausschluss und für die Frauen das Schlimmste, was ihnen passieren kann. Die Anthropologin Lamia Karim spricht in diesem Kontext von einer »Ökonomie der Beschämung«.

Einzelschicksale oder Systemfehler?

Die Tränen und das Leid, verursacht durch Überschuldung, waren lange Zeit kein Thema für die Medien. Erst die Krise der Mikrofinanz im indischen Andhra Pradesh vor vier Jahren führte zu einer kritischeren Betrachtung. Damals haben Reportagen über Selbstmorde von Schuldnerinnen in Indien einen Teil der westlichen Öffentlichkeit erstmals für die destruktive Wirkung der Mikrofinanz sensibilisiert.

Die spannende Frage lautet: Handelt es sich um Ausnahmen, unglückliche Einzelfälle oder vielmehr um Probleme der Mikrofinanz, die auf strukturelle Mängel des ganzen Systems hinweisen? Nicht nur in Indien hat die Mikrofinanz ihren Kunden Probleme bereitet. Auch in Bolivien, Nicaragua, Bosnien-Herzegowina, Marokko und Pakistan kam es zu Unmutsbekundungen, Protesten und Zahlungsboykotten von Schuldnern; sogar im Kernland der Mikrofinanz, Bangladesch.

»Nur wenige aus unserem Dorf haben es tatsächlich geschafft, der Armut zu entfliehen«, so Sufia Begum, eine langjährige Schuldnerin der Grameen Bank. Sie kommt aus dem Distrikt Tangail, wo die Mehrfachverschuldung von Kleinstkreditnehmerinnen schon in den 1990er-Jahren zur Überschuldung führte. Die 45 Jahre alte Witwe hat vier Kinder großgezogen und jahrelang regelmäßig ihre Raten abbezahlt. Doch nach dem Tod ihres Mannes, der als Tagelöhner bei Bauern Geld verdiente, kam sie in Zahlungsschwierigkeiten. »Den meisten in unserem Dorf bringen die Mikrokredite überhaupt nichts«, sagt Begum. Zusammen mit ihren Nachbarinnen hat sie Lieder gedichtet, die von den Mikrokrediten handeln: Von 100 sind es zehn, die überleben. Die anderen sterben: Küken, Kinder – und Mikrokreditnehmerinnen. »Ich kann nicht verstehen, wie dafür jemand den Friedensnobelpreis bekommen kann«, sagt die Schuldnerin über Yunus und seine Grameen Bank. Auch die offiziellen Zahlen sind deutlich: Mehr als 70 Prozent der mittlerweile 38 Millionen Kreditnehmerinnen in Bangladesch sind bei mehr als einer MFI verschuldet, so die Direktorin der Aufsichtsbehörde Microcredit Regulatory Authority, die seit 2006 existiert, personell aber völlig unterbesetzt ist und kaum Kompetenzen hat. »Das macht uns wirklich Sorgen«, sagt sie. Denn Mehrfachverschuldung steht immer am Anfang der Überschuldung.

Hauptsache, Rate bezahlt

Die Reputation der Mikrofinanz bei Investoren, MFI und Entwicklungspolitikern einerseits und den Empfängern der Mikrokredite andererseits könnte also unterschiedlicher kaum sein. Das spiegelt sich auch im Umgang mit der Krise der Mikrofinanz wider. Immerhin hat das Desaster in Indien sogar die der Weltbank nahestehende Consultative Group to Assist the Poor dazu gebracht, gravierende Fehlannahmen einzugestehen. Seit nunmehr 30 Jahren werden Mikrokredite vergeben, doch all die Jahre habe man nur die mit 95 Prozent vergleichsweise hohe Rückzahlungsquote als Beleg für den Erfolg herangezogen. Dabei, so Richard Rosenberg von der CGAP, »bedeuten niedrige Kreditausfälle nicht, dass alles in Ordnung ist, sogar dann nicht, wenn die Finanzberichte ehrlich und kompetent sind – auch dann zahlen die Schuldner möglicherweise nur zurück, indem sie unzumutbare Opfer auf sich nehmen«.[4]

Damit gesteht die CGAP heute endlich ein, worauf Kritiker der Mikrofinanz – vor allem Anthropologen, Soziologen, Ethnologen und Analytiker der politischen Ökonomie – schon seit den 1990er-Jahren hinweisen und worüber einige Journalisten immer wieder berichtet haben: Viele Kreditnehmer verschulden sich weiter bei Nachbarn, Familienangehörigen, anderen MFI, um die Mikrokredite – mit denen sie sich eigentlich aus der Armut und ihren Schulden befreien sollten – abzahlen zu können. Schließlich landen viele doch wieder bei den lokalen Geldverleihern, aus deren Fängen sie der Nobelpreisträger Yunus angeblich befreien wollte. Sie schicken ihre Kinder zur Arbeit statt in die Schule und verkaufen ihr kleines Stückchen Land, ihre paar Hühner oder Ziegen, die sie für die Ernährung ihrer Familie dringend benötigen, nur um die Ratenzahlungen an die MFI zu stemmen. Im Herbst 2013 berichtete die BBC News Asia, dass Kreditnehmer in Bangladesch sogar ihre Organe verkauften, um Kredite abzuzahlen.

Die seltenen klaren Worte einzelner Vertreter der Branche dürfen allerdings nicht darüber hinwegtäuschen, dass die institutionellen Investoren weiter am Konzept der »finanziell nachhaltigen Mikrofinanz« festhalten und daran glauben, mit freiwilligen Selbstverpflichtungserklärungen wie die Smart Campaign die Probleme in den Griff zu bekommen. Oder mit Zusatzprodukten wie Mikroversicherungen oder Mikrosparen. Sie suchen die Lösungen für die immer deutlicher werdenden Probleme der Mikrofinanz in einer neuerlichen Erweiterung der Mikrofinanz und in kleinen Reformen am bestehenden Geschäftsmodell.

Die Förderung der Mikrofinanz erfolgt wider besseres Wissen: Bis heute gibt es keine seriösen wissenschaftlichen Belege für die soziale Wirksamkeit der Mikrokredite. Im Sommer 2011 erschien, finanziert von der britischen Regierung, die bisher umfassendste Untersuchung unter dem Titel »What is the Evidence of the Impact of Microfinance on the Well-Being of Poor People«. Über 2500 Studien, Bücher und andere Publikationen zur Mikrofinanz haben die beteiligten Wissenschaftler ausgewertet. Ihr Fazit: »Trotz des scheinbaren Erfolgs und der Popularität der Mikrofinanz gibt es bis heute keine haltbaren Beweise, dass sie positive Auswirkungen hat und hilft, die Armut zu reduzieren oder Frauen zu ermächtigen.« Maren Duvendack, eine Autorin der Studie, kritisiert die Ressourcen, die von der Entwicklungspolitik in den Aufbau der Mikrofinanz trotz fehlender Wirksamkeitsnachweise investiert worden sind. »Wir werden wohl nie mit Sicherheit wissen«, so Duvendack, »was anstelle des Aufbaus eines riesigen globalen Mikrofinanzsektors mit dem Entwicklungshilfegeld möglich gewesen wäre.«

Bilanz: Mehr Armut, weniger Zusammenhalt

Nun ist es eine Sache, die fehlende soziale Wirksamkeit der Mikrofinanz zu attestieren. Darüber hinaus gibt es aber deutliche Hinweise auf die armutssteigernde Wirkung und auf die Zerstörung solidarischer Strukturen in den ländlichen Regionen, in denen die Mikrokredite vor allem vergeben werden. Frauen- und Bauernbewegungen in Bangladesch und Indien, den weltweiten Hochburgen der Mikrofinanz, sind durch diesen hochgradig individualistischen Ansatz, der auch ihre Mitglieder in den gemeinsamen Haftungsgruppen gegeneinander arbeiten lässt, deutlich geschwächt worden. Vor allem Anthropologen und Soziologen haben qualitative Langzeitstudien in Dörfern Südasiens durchgeführt, die den Prozess der Entsolidarisierung in den lokalen Gemeinschaften anschaulich beschreiben – wie etwa die Studie von Aminur Rahman in Bangladesch.

In der Regel müssen sich mehrere Frauen zu sogenannten Haftungsgruppen zusammenschließen, um einen Kredit zu bekommen. Angeblich, so Yunus, entsteht dadurch ein »positiver Druck«, die Frauen »motivieren« sich gegenseitig, ihre Raten pünktlich zu begleichen. Rahman sieht das ganz anders. Der lokale Zusammenhalt, das Prinzip der gegenseitigen Hilfe werden zerstört. So verschweigen die Frauen gegenüber ihren Nachbarinnen und Freundinnen heute die Krankheit ihres Kindes. Denn das könnte ja bedeuten, dass sie ihre knappen finanziellen Mittel nicht mehr für Ratenzahlungen, sondern für eine ärztliche Behandlung aufwenden. Diese Erkenntnisse haben lange vor der Vergabe des Friedensnobelpreises 2006 an Muhammad Yunus vorgelegen. Das Friedensnobelpreiskomitee hat sie ignoriert.

Ein weiterer Kritiker ist der Ökonom und Anthropologe Anu Muhammad, Professor an der wirtschaftswissenschaftlichen Fakultät der Jahangirnagar-Universität in Bangladesch. Er verweist auf die eklatante Verarmung durch Mikrokredite: Fünf bis maximal zehn Prozent schaffen mithilfe der Mikrofinanz den Sprung aus der Armut; 50 Prozent stagnieren auf gleichem Niveau. 40 Prozent der Kreditnehmerinnen stürzen durch die Mikrofinanz noch tiefer in die Armut.[5] Diese Zahlen decken sich in etwa mit denen in anderen Regionen, zum Beispiel im Sudan.[6]

Könnten die fünf bis zehn Prozent der erfolgreichen Kreditnehmer den anderen ein Beispiel sein? Bei näherer Betrachtung wird deutlich, dass der Erfolg einigen wenigen Frauen und Familien vorbehalten ist. Erstens sind es häufig Frauen, deren Familien noch andere Einkommensquellen zur Verfügung stehen und die nicht zu den Ärmsten der Armen gehören. Zweitens sind die erfolgreichen Beispiele auf wenige Sektoren beschränkt, meist im Kleinsthandel, in dem sich vor Eintritt der Marktsättigung auch kurzfristig höhere Renditen erzielen lassen. Nach jüngeren wissenschaftlichen Erkenntnissen gibt es in dieser Gruppe außerdem immer mehr Frauen, die das Geld einfach zu einem höheren Zinssatz weiterverleihen.[7] In anderen Sektoren – zum Beispiel Landwirtschaft und Produktion – gibt es so gut wie keine Erfolgsgeschichten.

Mikrokredite sind Konsumkredite

Bleibt eine Frage: Wenn die Bedingungen so widrig sind – warum nehmen Frauen dann überhaupt Kredite auf? Immerhin insistieren viele MFI und ihre Investoren darauf, dass es sich dabei schließlich um »freiwillige« Verträge handelt und dass niemand zum Abschluss gezwungen wird. Um diese Frage beantworten zu können, sind erstens ein Blick in die jüngere Geschichte und zweitens eine Vorbemerkung notwendig: In den wenigsten Fällen wird der Kredit für eine sogenannte »einkommensschaffende Tätigkeit« verwendet – die meisten Mikrokredite sind Konsumkredite, werden für Dinge des täglichen Bedarfs, Lebensmittel, Schulbildung der Kinder oder für medizinische Behandlungen ausgegeben.

Von Anfang an hing der Aufschwung der Mikrofinanz mit Umwälzungen in der politischen Ökonomie der Entwicklungsländer zusammen. Die Staatsverschuldung in den 1980er-Jahren brachte die meisten Länder des globalen Südens in direkte Abhängigkeit von Geberländern aus dem Norden und ihren Finanzinstitutionen, wie Weltbank und Internationalem Währungsfonds (IWF). Die von diesen Institutionen durchgesetzten Strukturanpassungsprogramme zwangen die Regierungen vieler Länder dazu, ihre staatliche Fürsorge – zum Beispiel im Gesundheits- und Bildungsbereich – sowie Beschäftigungsprogramme und Nahrungsmittelsubventionen abzubauen. Ehemals öffentliche Aufgaben übernahm nach und nach der Privatsektor. Für die Bevölkerung ist es seitdem kaum noch möglich, ohne Geldmittel eine angemessene Schulbildung oder grundlegende medizinische Behandlung zu erhalten. Ehemalige Angestellte öffentlicher Betriebe und ruinierte Kleinbauern waren gezwungen, sich in irgendeiner Weise im informellen Sektor zu verdingen.

Diese »Strukturanpassungen« schufen zusammen mit internationalen Handelsverträgen die Grundlagen für eine radikale Strategie der Ausweitung der kapitalistischen Marktwirtschaft. Mikrokredite sind ein integraler Bestandteil und stellen nicht – wie so oft behauptet – einen Bruch mit der herkömmlichen Entwicklungspolitik der 1980er- und 1990er-Jahre dar. Die heutige Förderung einer noch umfassenderen Mikrofinanzindustrie, die die volle »finanzielle Inklusion« aller Menschen anstrebt, ist die konsequente Fortsetzung. So forderte die Weltbank-Tochter International Finance Corporation (IFC) 2007 in ihrem wegweisenden Bericht *The 4 Four Billion: Market Size and Business Strategy at the Base of the Pyramid* den Privatsektor auf, die Kaufkraft der Armen in ihrem eigenen Interesse zu nutzen: Vier Milliarden Arme in der Welt verfügten über Werte von unvorstellbaren 5000 Milliarden US-Dollar. Mikrofinanzen, das wird in diesem Bericht ausdrücklich und mehrfach hervorgehoben, sind ein Weg, um diese Ressourcen der Armen in Wert zu setzen und der Privatwirtschaft zugänglich zu machen.

Im Dienste der Agrarindustrie

Ein weiterer Faktor für die zunehmende Nachfrage nach Mikrokrediten sind die Folgen der Handels- und Wirtschaftsabkommen, die viele Länder des globalen Südens dazu zwingen, ihre Märkte für Nahrungsmittel, Gentechnologie und andere Produkte westlicher Konzerne zu öffnen. Im Gegenzug sollen diese Länder ihre Handelsbilanzen durch vermehrte Exporte ausgleichen, wie zum Beispiel Shrimps, Baumwolle, Schnittblumen oder Energiepflanzen, deren Aufzucht und Anbau nur auf großen Flächen und als Monokultur finanziell ertragreich ist. So wird das westliche Modell der Landwirtschaft – hoch technisiert und von Großgrundbesitzern mit wenig Bedarf an Arbeitskräften betrieben – in traditionellen Agrargesellschaften implementiert, in denen bis heute (zumindest in Afrika und Asien) noch die Mehrheit der Landbevölkerung direkt oder indirekt vom Subsistenzanbau oder der Viehzucht lebt. Über Lockangebote werden kleinbäuerliche Betriebe dazu gebracht, sogenannte *cash crops* – Feldfrüchte für den Verkauf – anzubauen, und das Kapital für die Umstellung bekommen sie oft per Mikrokredit. So schrieb Calvin Miller von der Food and Agriculture Organization der UN (FAO) in seinem Beitrag für den internationalen Mikrokreditgipfel 2011 im spanischen Valladolid: »Anbau für die Subsistenz reicht nicht, die Mikro- und Kleinbauern müssen in ihrem Denken und Handeln weitergehen. Sie müssen verbessertes Saatgut und Technologien nutzen und so die Produktionsanforderungen erfüllen.«

Der britische Entwicklungswissenschaftler Marcus Taylor hat indes in seiner Studie der Mikrofinanzkrise im indischen Bundesstaat Andhra Pradesh herausgearbeitet: Spätestens wenn der Markt gesättigt ist, oder wenn durch Billigimporte aus den Industrieländern die Preise in den Keller sinken, fängt das Elend an. Dann übersteigen die Inputkosten für Kunstdünger, Insektizide, Pestizide und Saatgut den Ertrag, den sie durch den Verkauf der Ernte erzielen können. Die Kleinbauern verschulden sich weiter, machen schließlich Pleite, verpfänden oder verkaufen ihr Ackerland. Durch diesen Prozess werden bisherige Subsistenz- und Teilsubsistenzstrukturen – also Selbstversorgungsstrukturen – zerstört. Das Land der Kleinbauern gelangt in andere Hände.

Durch derlei Veränderungen sind in den Ländern des globalen Südens immer mehr Menschen darauf angewiesen, ihre Lebensmittel käuflich zu erwerben – und das bei einer oftmals zweistelligen Inflationsrate für Grundnahrungsmittel, wie in Südasien. Ob medizinische Behandlung, Bildung« oder Ernährung: Die »Freiwilligkeit« des Vertragsabschlusses für einen Mikrokredit relativiert sich, wenn die sozioökonomischen Alltagszwänge mit in den Blick genommen werden. Wer kann es einer mittellosen Tagelöhnerin verdenken, wenn sie, um heute ihre Kinder zu ernähren oder ihnen eine notwendige medizinische Behandlung zu finanzieren, einen Mikrokredit aufnimmt – auch auf die Gefahr hin, anschließend die Bürde der Ratenzahlungen nicht meistern zu können und übermorgen hoffnungslos überschuldet zu sein? Der Zugang zu Bargeld wird also zu einer Frage des täglichen Überlebens. Die Kreditnehmer, zumeist Frauen, müssen dafür einen Preis zahlen, der sie noch tiefer in die Armut stürzt, sie sozialer Ächtung, Demütigung und manchmal auch der brachialen Gewalt männlicher Geldeintreiber aussetzt. Es ist, als würde man schmutziges Wasser an Verdurstende verkaufen.

Anmerkungen

1 Yunus, Muhammad: *Für eine Welt ohne Armut. Die Autobiographie des Nobelpreisträgers.* Bergisch Gladbach 2006, S. 228 f.

2 Mader, Philip: »Finanzialisierung der Armut«. In: Klas, Gerhard; Mader, Philip (Hrsg.): *Rendite machen und Gutes tun?*. Frankfurt am Main 2014, S. 159.

3 Mader, Philip: *The Political Economy of Microfinance: Financialising Poverty.* London 2014.

4 Rosenberg, Richard: *Flying Blind on Over-indebtness?* CGAP Blog, 25. Januar 2011. www.cgap. org/blog/flying-blind-over-indebtedness.

5 Muhammad, Anu: »Mikrofinanz und NGOs in Bangladesch: Ein Modell des Neoliberalismus«. In: Klas, Gerhard; Mader, Philip (Hrsg.): *Rendite machen und Gutes tun?* Frankfurt am Main 2014, S. 192.

6 Abdalla, Gihan Adam; Schultz, Ulrike: »Erinnerung an eine schwere Zeit: Widerstand und lokale Aneignung von Mikrofinanzprojekten im Sudan«. In: Klas, Gerhard; Mader, Philip (Hrsg.): *Rendite machen und Gutes tun?* Frankfurt am Main. 2014, S. 68 f.

7 Karim, Lamia: *Demystifying Micro-Credit – The Grameen Bank, NGOs and Neoliberalism in Bangladesh.* Oregon 2008, S. 23.

Elísio Macamo
Vorsprung durch Aufklärung
Ein Märchen, an das Europäer nach wie vor glauben

Zhou Enlai, der legendäre Premier von China, wurde einmal gefragt, wie er die Auswirkungen der Aufklärung einschätze. Seine Antwort: Es ist noch zu früh zu sagen. Recht hatte er. Oder anders ausgedrückt: Es gibt viele Menschen im außereuropäischen Raum, die ihm recht geben würden.

Europäer sind stolz auf das, was sie für das Erbe der Aufklärung halten. Das Credo kann in Anlehnung an Audi umformuliert werden: *Vorsprung durch Aufklärung.* Sie glauben fest daran, dass sie ihre Vormachtstellung dem Fortschritt zu verdanken haben, der durch die von der Aufklärung geprägte Vernunft begünstigt wurde. Die Aufklärung habe nicht nur die Bedingungen dafür geschaffen, dass sich die Menschheit – sprich die Europäer – die Natur und die Welt untertan machen. Sie habe auch den Weg für politische und gesellschaftliche Ordnungen geebnet, welche imstande sind, die wichtigsten menschlichen Werte zu gewährleisten: Freiheit, Gleichheit, Würde, Verantwortung. Die Geschichte Europas ist die Geschichte der Menschheit in ihrer Vollkommenheit. Europa nachzuahmen bedeutet, dass man der wahren Bestimmung der Menschheit Rechnung trägt. So weit das Märchen.

Frei ist nur derjenige, der besitzt

Mahatma Gandhi soll auf die Frage, was er von der europäischen Zivilisation halte, sehr süffisant reagiert haben: Es wäre eine gute Idee! Die Menschen, die Freiheit erfunden haben, haben lange kein Problem damit gehabt, andere zu versklaven. Dass ein Teil ihres Reichtums auch darauf zurückzuführen sei, stört anscheinend die wenigsten. John Locke, der englische Philosoph, dem die Welt wichtige Elemente der liberalen Demokratie zu verdanken hat und über den Voltaire gesagt haben soll:»Was er nicht klar gesehen hat, das werde ich nie sehen können«, schrieb für Plantagenbesitzer in Amerika eine Verfassung, die keine politischen Rechte für Sklaven vorsah. Das Irre daran: Seine Argumente waren stichhaltig. Frei – und deswegen Mensch – ist derjenige, der etwas besitzt. Der Sklave ist selber Eigentum. Da ist nichts zu wollen, selbst beim besten Willen nicht.

Die Menschen, die Gleichheit erfunden haben, haben nie ein Problem damit gehabt, dass sie Kolonien hatten, dass sie dort die Einheimischen nicht als Bürger behandelt haben, sondern als Untertanen, dass große Teile von ihnen ein menschenverachtendes System wie das Apartheidsystem in Südafrika unterstützt haben beziehungsweise sich nicht veranlasst gesehen haben, etwas dagegen zu unternehmen. Die Menschen, die Mündigkeit groß auf ihre Fahne geschrieben haben, halten es für unproblematisch, dass ihre Steuergelder in den gewaltigen Apparat der Entwicklungshilfeindustrie fließen, der die primäre Funktion hat, anderen Menschen zu sagen, manchmal sie auch zu zwingen, wie sie ihr Leben zu gestalten haben. Die Menschen, die den verantwortungsvollen Umgang mit der Umwelt ständig gefragt und ungefragt predigen, tun sich schwer mit der Vorstellung, dass ihr Wohlstand Teil des Problems ist, nicht der Lösung. So weit ein Teil der Realität.

Ausgezogen, um die Frohe Botschaft zu verkünden

Chinua Achebe, einer der größten nigerianischen Schriftsteller, sagte einmal, dass er sich schwer einen anderen Igbo vorstellen könne, der 3000 Kilometer reisen würde, um anderen Menschen zu sagen, dass ihre Religion falsch sei. Im Visier hatte er christliche und islamische Missionare, aber die Pointe kann breiter angelegt werden. Es ging bei seiner Aussage um die viel wichtigere Frage, welche Rolle das Sendungsbewusstsein in der Geschichte Europas und dem Rest der Welt gespielt hat. Es ist eine sehr wichtige Rolle gewesen, zunächst als Seelenheil, dann als Zivilisierung und nun als Entwicklung, alles also, was man als die Bürde des Weißen Mannes beschreiben könnte. Man verließ Europa, um die Frohe Botschaft zu verkünden. Das war wichtig. Zu viele Menschen lebten in Unkenntnis ihrer wahren Natur und Bestimmung. Sie kannten ihren Schöpfer nicht. Man kehrte Europa den Rücken, um anderen die europäische Lebensweise aufzuoktroyieren. Das war großzügig, denn damit belegte man die eigene Überzeugung, wonach alle Menschen gleich seien. Man reiste aus Europa aus, um anderen zu helfen, sich in einer Welt zurechtzufinden, die immer europäischer wurde, die sich im Nachhinein »globalisiert« nannte. Die Wirtschaftsflüchtlinge von damals, die die Welt als »Terra nullius« betrachteten, als Niemandsland, errichten heute hohe Mauern gegen die Menschen, die zwangsweise globalisiert wurden. Und währenddessen reden sie die ganze Zeit von Humanismus, Freiheit, Solidarität, Gleichheit und Nächstenliebe. So weit ein anderer Teil der Realität.

Freiheit versus universelle Wahrheit

Gemein haben das Märchen ganz zu Anfang des Textes und die zwei Realitäten ein Spannungsverhältnis, dessen Ursprung in der Deutung der Aufklärung zu finden ist. Es besteht in der Inkommensurabilität von Freiheit einerseits und einem Geschichtsbild andererseits, welches den Werdegang eines Teils der Menschheit als die Offenbarung einer universellen historischen Wahrheit betrachtet. Diese zwei Dinge passen nicht zusammen. Freiheit, ob negative Freiheit oder positive Freiheit, ist auch die Freiheit, die Geschichte offen zu gestalten oder wenigstens ihren Ausgang offenzulassen. Eine Freiheit, die uns von Menschen gewährt wird, die wissen, wie das Leben der anderen zu sein hat, ist keine echte Freiheit. Kant soll sich in einer Rezension von Herder, in der es um zivilisierte und nicht zivilisierte Gesellschaften ging, gefragt haben:»... [M]eint der Herr Verfasser [Herder] wohl, dass, wenn die glücklichen Einwohner von Tahiti, niemals von gesitteten Nationen besucht, in ihrer ruhigen Indolenz auch Tausende von Jahrhunderten durch zu leben bestimmt wären, man eine befriedigende Antwort auf die Frage geben könnte, warum sie denn gar existieren und ob es nicht ebenso gut gewesen wäre, dass diese Insel mit glücklichen Schafen und Rindern, als mit im blossen Genusse glücklichen Menschen besetzt gewesen wäre?«. Eine gute Frage, die später zur Gewalt gegen ziellose, glückliche Einwohner führte.

Keine Toleranz den Abweichlern

Die Geschichte ist voller dramatischer und trauriger Beispiele, alle unter dem Deckmantel eines Totalitarismus, von dem uns der österreichisch-britische Philosoph Karl Popper in seiner Polemik über den Historizismus gewarnt hatte. Hört und liest man heutzutage irgendwas über den Siegeszug der Vernunft, so würde man denken, dass die Naziideologie, der Stalinismus oder das Apartheidsystem groteske Abweichungen von der Aufklärung waren. Sie waren es aber nicht, auch wenn man mit einer solchen Feststellung der Vernunft und allem, was sie der Menschheit beschert hat, vielleicht zu nahe tritt. Die Aufklärung, so, wie sie von manchen Europäern in die Tat umgesetzt wurde, zeichnet die Geschichte als Offenbarung der europäischen Entwicklung. Demnach war der europäische Werdegang nicht Ergebnis von glücklichen und unglücklichen Umständen, sondern die Geschichte der Menschheit, so, wie sie zu sein hatte. Alle anderen Formen, welche die Geschichte annahm, wurden vor dem Hintergrund dieser Überzeugung nicht nur als Abweichungen abgetan, sondern Abweichungen, die korrigiert werden sollten. Unter dem Zwang dieser Vorstellung wurde die Aufklärung zum Drehbuch einer Zukunft, zu einem sozialen Entwurf. Der besser wissende Geschichtsdeuter wird zum großen Gestalter eines globalen Areals.

Europa als Vormund

Mit dieser Auffassung von Aufklärung verlor die Geschichte ihre Unschuld. Sie wurde zum Werkzeug eines Willens zur Macht. So lassen sich die Beziehungen zwischen Europa und Afrika deuten, und vielleicht auch die Beziehungen zu anderen Teilen der Welt. Es sind Beziehungen, die von Vormundschaft für oder gar Bevormundung von anderen geprägt sind. Deswegen konnte man die Kolonialherrschaft leicht rechtfertigen. Es ging ja darum, Menschen in den Fortschritt zu führen. Das war auch der Grund, weshalb es leichtfiel, den Sklavenhandel ohne allzu große Gewissensbisse zu betreiben. Menschen, die keine richtigen Menschen sind, haben keinen Anspruch darauf, wie Menschen behandelt zu werden. Hier offenbart sich die wahre Bedeutung von Freiheit, Gleichheit und Ausbeutung.

Freiheit wurde in der Französischen Revolution großgeschrieben. Es war natürlich eine Freiheit unter Vorbehalt, wie durch die Terrorherrschaft der Jakobiner deutlich wurde. Es war eine Herrschaft, die vom Sendungsbewusstsein der Aufklärung überzeugt war und den Afrikanern später unter der Kolonialherrschaft und der Herrschaft der guten Entwicklungsabsichten auch zum Verhängnis wurde. Am Anfang konnte man das nicht ahnen. Jeder Sklave, der es bis Frankreich schaffte, konnte frei werden. Das galt allerdings nicht für Sally Hemings, das Sklavenmädchen, das auf die Kinder von Thomas Jefferson aufpasste, dem amerikanischen Botschafter in Paris, der die amerikanische Unabhängigkeitserklärung verfasste und später Präsident der USA wurde. Sally Hemings verzichtete auf ihre Freiheit, weil Jefferson ihr die Freiheit in Amerika versprach – ihre Freiheit und die von ihren vier Kindern, die mit ziemlicher Wahrscheinlichkeit von ihm selbst stammten. Doch diese versprochene Freiheit kam nicht, nur erst nach Jeffersons Tod.

Freiheit mit Wenn und Aber

Freiheit in der Beziehung zwischen Europa und Afrika bedeutete immer Freiheit unter Vorbehalt. Die Europäer sagen, wie die Freiheit auszusehen hat, die die Afrikaner genießen können. Viele mussten allerdings bewaffnete Kämpfe führen, um Freiheit nach ihrer eigenen Vorstellung zu erlangen. Und trotzdem geht dieser Kampf weiter, denn mit der frei nach Philipp Lepenies *institutionalisierten Besserwisserei* (Entwicklungshilfeindustrie) ringen Afrikaner immer noch um die Freiheit, eigene Fehler zu machen und Verantwortung dafür zu übernehmen.

Gleichheit, die findet man schnell. Man muss nur die Statuten des Internationalen Gerichtshofes lesen. Kapitel II, Zuständigkeiten des Gerichtshofs, Artikel 38. Es heißt: »[1] *Der Gerichtshof, dessen Aufgabe es ist, die ihm unterbreiteten Streitigkeiten nach dem Völkerrecht zu entscheiden, wendet an (…) [c] die von den Kulturvölkern anerkannten allgemeinen Rechtsgrundsätze.*« Und man wundert sich, dass einige Afrikaner diese Institution als ungerecht empfinden, oder dass einige afrikanische Länder keine große Lust haben, sie anzuerkennen. Gleichheit zwischen Kulturvölkern und Naturvölkern. Alle Tiere sind gleich, aber manche Tiere sind gleicher. Schrieb George Orwell.

Und Ausbeutung. Während der Kolonialherrschaft nannten die Franzosen das Ganze »mise en valeur«, frei übersetzt »in Wert setzen« der kolonialen Gebiete. Das ist an sich keine Schande, denn die göttliche Anweisung, wonach die Welt untertan gemacht werden soll, gilt für uns alle. Aber vor dem Hintergrund der Aufklärung und ihrer Überzeugung, dass manche Völker den Auftrag haben, die Welt zu führen, um auch Fortschritt herbeizuführen, gewinnt das In-Wert-Setzen der kolonialen Gebiete eine neue Bedeutung. Es muss getan werden, auch gegen den Widerstand der Einheimischen, die komischerweise langsam zu Fremden in der eigenen Welt gemacht werden. Es ist ein Zeichen von Rückständigkeit, dem Fortschritt zu widerstehen. Es klingt redundant, aber es ist wahr. Will man den Fortschritt nicht, ist man rückständig. Nicht angepasst. Und langsam sind das Einzige, was an Afrika stört, die Afrikaner selbst.

Das Ganze ist ein großes Missverständnis. Echt wahr. Es ist zu früh, um an den Westen zu glauben. Seit Jahrhunderten befindet sich ein Teil der Menschheit im falschen Film. Von wegen Freiheit und Gleichheit. Ausbeutung, vielleicht.

Mitarbeit: Julia Büchele.

Dorthe Nors
Der Buddhist
Eine Erzählung

Bevor der Buddhist Chef der Hilfsorganisation *Informationen von Volk zu Volk* wurde, war er ein gewöhnlicher Christ und Beamter im Außenministerium. Er schrieb die Reden des Außenministers und legte ihm gewissermaßen die Worte in den Mund. Es war eine Form der Lüge, doch anfangs störte ihn das nicht. Dann ging es ihm jedoch nahe, weil er entdeckt hatte, dass er Buddhist war. Diese Erkenntnis überkam ihn allerdings nicht von heute auf morgen. Eher war es so, dass der Buddhist als Idee auf leisen Sohlen heranschlich und sich in ihm festsetzte, kurz nachdem seine Frau sich hatte scheiden lassen wollen. Der Buddhist kam zu ihm ins Büro und nahm auf der anderen Seite seines Schreibtischs im Außenministerium Platz. Er sah sich den Buddhisten an und dachte: *Eigentlich ein gutes Format, um beizutreten.* Buddhisten sind gute Menschen. Sie sind tiefgehender als die meisten. Buddhisten können Zusammenhänge erkennen, die andere nicht sehen. Alles Eigenschaften, die er von sich kannte, die er aber gern verbessert hätte, so wurde er Buddhist. Wäre er nicht Buddhist geworden, hätte die Scheidung ihn weit mehr geschmerzt, aber als Buddhist gewinnt man seine Einsichten durch Schmerzen. *Je schmerzhafter es ist, desto klüger wird der Buddhist*, dachte der Beamte und trat aus der Kirche aus.

Kurz nachdem der Buddhist geschieden und Buddhist wurde, steht er vor dem Spiegel und schaut in sein Gesicht unter dem dünnen Haar mit der undefinierbaren Farbe. Seine Haut ist hell, aber auf das Äußere kommt es ja nicht an. Der Dalai Lama würde niemals für einen Minister lügen, und er würde auch keine internationalen Lügen erzählen.

Und was noch wichtiger ist, der Dalai Lama würde nicht vor Schmerzen zurückweichen. Der Dalai Lama lächelt geradezu über Dinge, die wehtun, und je mehr der Dalai Lama in eine Ecke gedrängt wird, desto mehr spürt man seine Anwesenheit in der Welt. *Man muss oben ansetzen*, denkt der Buddhist und beschließt, in einer überregionalen Zeitung einen Artikel zu schreiben. Der Artikel handelt von seinem Arbeitsplatz, dem Außenministerium, und darüber hinaus handelt er von den Lügen, die aus dem Munde des Außenministers kommen. *Der Ministerpräsident ist ein Dieb, und der Außenminister lügt. Ich muss es schließlich wissen, denn in Wahrheit bin ich es, der all seine Reden schreibt*, schrieb der Buddhist in der Zeitung, und am nächsten Tag hat er keine Angst, zur Arbeit zu gehen. Jede Form des Widerstands ist charakterbildend, und weil der Buddhist ein offizieller Staatsbeamter war, konnte der Außenminister ihn nicht feuern. Aber der Staatssekretär konnte mit ihm im Aufzug fahren und ein sehr ernstes Gespräch führen. Das tat er auch. Er fuhr mit dem Buddhisten im Außenministerium auf und ab, auf und ab, auf und ab.

Kurz nach dem Artikel und der Fahrt im Aufzug mit dem Staatssekretär sieht die Situation des Buddhisten folgendermaßen aus: Er wurde geschieden. Es wurde ihm gestattet, sich auf eigenen Wunsch von seiner Tätigkeit im Außenministerium beurlauben zu lassen. Allerdings gibt es drei Dinge, die schmerzhaft sind: Der Außenminister tut weh. Es tut weh, dass seine Frau nun auch das Haus in Charlottenlund verkaufen will. Und nicht zuletzt schmerzt es, dass seine Fähigkeiten als Buddhist und ehemaliger Beamter des Außenministeriums nicht benötigt werden, um die Welt nachhaltig zu verändern. Sein Drang, Gutes zu tun, ist überwältigend. Sein Bedürfnis, seine Umgebung positiv zu verändern, hält ihn nachts wach. Er fährt durch Kopenhagen, unternehmungslustig und veränderungsbereit. Er fährt in seinem roten Citroën Berlingo umher und behält seine Frau im Auge. Er fährt in seinem roten Citroën Berlingo umher und behält den Außenminister im Auge. Beiden wünscht er das Beste. Und doch will er ihnen auch schaden. Das ist ausgesprochen widersinnig, denn der Buddhist liebt beide, gleichzeitig möchte er ihnen allerdings auch gern schaden. *Ich habe Lust, ihnen zu schaden*, spricht er vor sich hin, und in dem Augenblick, als er hört, wie er das Wort *schaden* flüstert, sieht er sich im Rückspiegel. Er sieht einen Buddhisten. *Das ist gut, ich bin Buddhist*, denkt er. *Gott weiß, auf welche Ideen ich gekommen wäre, wenn ich kein Buddhist wäre.*

Aber nun ist er Buddhist, und Buddhisten haben ausgreifende Seelen. Nachts fährt er durch den Wohlstand des nördlichen Kopenhagen und entdeckt, dass der Buddhist in ihm stärker ist. Die Güte in ihm ist groß. Er spürt, dass es gut ist, und gleichzeitig fühlt er, wie sinnvoll alles ist. Das Universum legt Koordinaten zu ihm aus. Das Universum will etwas von ihm. Wenn das Universum nichts von ihm wollte, hätte ihn a) seine Frau nicht verlassen und b) das Außenministerium nicht gedrängt, den Dienst zu quittieren. Es existiert ein Sinn, und der Buddhist hatte schon lange das Gefühl, derjenige zu sein, der den Sinn hinter den Dingen versteht. Außerdem hatte er schon lange das Gefühl, dass es einen einzigen starken Mann braucht, um die Welt zu retten. Er ist Buddhist und ehemaliger Beamter des Außenministeriums. Das sind zwei Fliegen mit einer Klappe. Er ist Buddhist und ehemaliger Beamter, und er ist es gewohnt, zu lügen. Das sind sogar drei Dinge auf einmal.

Es dauert nicht lange, bis der Buddhist eine Anzeige in einer überregionalen Tageszeitung entdeckt und sie als weiteres Zeichen des Universums versteht. Der Hilfsorganisation *Informationen von Volk zu Volk* aus Århus fehlt ein Chef. *Aha*, denkt der Buddhist, der momentan ein geschiedener, arbeitsloser Mann ist, der am Südhafen zur Untermiete wohnt. *Aha*, denkt er, *eine Organisation ist ein guter Ort, um zu beginnen, wenn man die Welt verändern will.*

Wenn eine Organisation ein guter Ort ist, um zu beginnen, die Welt zu verändern, dann liegt das an zwei Dingen: 1) Eine Organisation verkauft keine Produkte, sondern Meinungen. 2) Wenn eine Organisation Meinungen verkaufen kann, liegt es an ihren Idealen. Und er hat eine Menge Ideale. Aber damit nicht genug. Ideale ziehen junge Menschen und andere Idealisten an. Die Jugendlichen und die Idealisten sollen alle für den Buddhisten und die Sache arbeiten. Im Grunde kann er selbst bestimmen, worum es bei der Sache gehen soll, solange nur die Themen *Informationen*, *Menschen* und *Entwicklungsländer* berührt werden. Gegen keines der drei Dinge hat er etwas. Es wäre schön, eine Welt zu haben, in der alle gleich dick sind, nur nicht zu dick, aber glücklich. Der Buddhist beschließt in seiner Mietwohnung am Südhafen, dass er Chef der Hilfsorganisation *Informationen von Volk zu Volk* werden will. Er beschließt auch, die freiwilligen Helfer *Weltbotschafter* zu nennen. Der Buddhist wird ihr Chef sein, oder noch besser: Er wird ihr Führer sein.

Um den Job zu bekommen, ist er gezwungen, zu lügen. Nein, umformulieren: Um den Job zu bekommen, muss er sich notwendigerweise Worte in den Mund legen. Das ist im Dienst der guten Sache erlaubt, und mit so etwas hat er Routine. Er schreibt eine gute und ungenaue Bewerbung. Es ist kein Problem, zu verschweigen, dass er eigentlich nicht mehr mit der Frau verheiratet ist, die er als seine Ehefrau anführt. Es ist auch kein Problem, dass die Post an die Adresse in Charlottenlund längst umgeleitet wird. Es ist einfach, diverse Ungereimtheiten in seinem Lebenslauf zu tilgen. Als das getan ist, schickt er die Bewerbung ab. Wenn er im Südhafen auf seiner Luftmatratze wach liegt, dann nicht, weil er gelogen hat. Er ist zu der Einsicht gelangt, dass der Zweck und das Ziel die Mittel heiligen. Er liegt wach, weil er gespannt ist, ob der Vorstand der Organisation ihn überhaupt übergehen kann. Im Grunde natürlich nicht. Der Vorstandsvorsitzende ist bereits überzeugt, als er den Umschlag öffnet und sieht, dass das Briefpapier aus dem Außenministerium stammt. Und die übrigen Vorstandsmitglieder stimmen alle mit ihm überein, sie rufen den Buddhisten sofort an. Dem Vorstand gefällt die Stimme des Buddhisten am Telefon. Dem Vorstand gefällt auch, dass der Buddhist *bereit ist, sofort nach Århus zu kommen*. Beim Gespräch gefällt dem Vorstand seine Art, aus dem Wasserglas zu trinken. Ihnen gefällt das Geräusch des Eherings, wenn er an das Glas oder an den Tisch stößt. Ihnen gefällt sein Engagement für die Probleme der Welt. Ihnen gefällt sein Traum von einer größeren und stärkeren Organisation *Informationen von Volk zu Volk*. Der Buddhist hat Visionen. Der Buddhist ist ein Familienmensch. Der Buddhist hatte mal einen Diplomatenpass. Der Vorstand hat etwas Ähnliches noch nie erlebt. Die Mitglieder des Vorstands sind vollkommen geblendet und müssten Sonnenbrillen tragen. Der Buddhist ist mehr als überzeugend. Es war, wie sie später sagen sollten, *im Grunde unheimlich schwer, ihn nicht einzustellen*. Oder wie ein weibliches Vorstandsmitglied es hinterher einem Journalisten der *Århus Stiftstidende* gegenüber ausdrückte: *Er trug Lederflicken auf den Ellenbogen. Wir dachten, er wäre ein Intellektueller.* Aber das sagte sie, wie gesagt, erst später.

Jetzt sind wir an der Stelle, wo der Buddhist Leiter einer Bewegung geworden ist, und genau jetzt, kurz bevor er umzieht, kauft er sich einen kleinen Hund. Der kleine Hund ist ein schwarzer Labrador, er nennt ihn Sancho. Der Buddhist ist gut zu Tieren, und bei der Leitung der Organisation geht es darum, die weichen Werte in die Arbeitsstrukturen einzubeziehen, und Sancho ist weich. Der Buddhist setzt den Hund auf den Boden seines roten Citroën Berlingo und verlässt den Südhafen. Der Buddhist ist jetzt auf dem Weg nach Århus, mit Plänen für sein Leben und die Welt. Auf der Rückbank liegen eine Luftmatratze und zehn saubere Unterhosen, er hat Pläne für die Welt und den Schlüssel für eine Dienstwohnung in Århus. Er ist der neue Chef der Hilfsorganisation *Informationen von Volk zu Volk*, und er war in der Zeitung. Jetzt fährt er einer größeren Zukunft entgegen, als er sie bisher für sich gesehen hat. Er fährt einer Zukunft entgegen, die Frauen interessant finden. Wer weiß, ob er nicht eines Tages dem Außenminister auf der Plantage eines Entwicklungslandes begegnen wird, auf der er der Gastgeber ist. Er lächelt vor sich hin und hält nur an, wenn Sancho pinkeln muss. Er selbst ist Buddhist und pinkelt nur, wenn er will.

Er hält an einer Raststelle westlich von Odense, und während der Hund pinkelt, sieht er sich seinen Wagen an, den Berlingo. Ihm geht durch den Kopf, dass es genau das richtige Auto für ihn ist: Von den Frontscheinwerfern bis zu den Heckleuchten signalisiert der Berlingo Geräumigkeit. Das spezielle Design des Modells mit den Schiebetüren erleichtert den Einstieg mit Schultaschen, Einkaufstüten und dem Wunsch, in der Welt etwas zu verändern. *Man kann nicht sagen, dass der Berlingo sexy ist,* denkt der Buddhist. Aber er ist absolut in Ordnung, denn der Berlingo soll innere, nicht äußere Werte signalisieren. Das Design weist darauf hin, dass der Besitzer ein praktischer, funktionstüchtiger und flexibler Mensch ist. Nicht unwesentlich ist zudem, dass der Berlingo sicher ist. Um die Kabinen sitzt ein Metallrahmen, der angeblich so solide ist, dass einem in dem Auto nichts Böses geschehen kann.

Der Buddhist setzt den Hund wieder auf den Boden des Wagens, und als er vom Rastplatz biegt, begreift er den Berlingo als ein weiteres Zeichen des Universums. Er fährt das sicherste Auto auf dem Markt. Er fährt ein Auto, in dem man nicht sterben kann. Doch obwohl gefährliche Dinge wie zum Beispiel der Tod von außen nicht in den Berlingo dringen können, heißt das aber nicht, dass die Gefahr nicht schon im Auto ist. Dem Buddhisten geht durch den Kopf, dass er Angst vor sich hätte, würde er die bösen Kräfte dieser Welt verkörpern. *Wenn ich böse wäre, würde ich mich hassen,* denkt der Buddhist. *Und wenn ich jemand wäre, der gut zu der Welt sein will, welches Auto würde ich dann wählen?,* fragt sich der Buddhist, als er einen Volvo mit schwedischem Nummernschild überholt. Es ist eine hypothetische Frage. Der Buddhist hat sich bereits für den Berlingo entschieden.

Kurz nachdem er den Volvo überholt hat, zeigt es sich: das Vorzeichen. Der Buddhist bekommt ein Vorzeichen, und dieses Vorzeichen erscheint über der Brücke des Kleinen Belts, auf die er jetzt zufährt. Am Himmel über Fredericia, nein, eigentlich über dem gesamten Gebiet, sieht er einen großen Halo. Als er sich der Brücke über den Kleinen Belt nähert, wird der Lichtschein immer stärker. Und als die Reifen des Berlingo auf die Brücke treffen, verwandelt sich der graue Schrott der Brücke über den Kleinen Belt in einen leuchtenden Bogen, der sich über den Sund und den Belt wölbt und sich hoch in den Himmel schiebt. Es ist wie eine Fata Morgana und doch ganz real. Der Buddhist fährt auf einem Astralleib in Richtung Himmel. Weit unter ihm laufen die Menschen in Dänemark in ihre Gärten und zeigen auf ihn und den Berlingo. Sie zeigen auf den roten Berlingo, der wie der Halley-Komet über den Himmel fährt. Der Buddhist spürt die Kraft und das Rauschen des Universums in sich, in großen, weiten Schwüngen lässt er sich zwischen den Wolken treiben. Er winkt Dänemark und Teilen des nördlichen Deutschland zu und erreicht schließlich ein leuchtendes Tor. Er fragt nicht, ob er durch dieses Tor fahren soll. Er ist der Erwählte. Der eigentliche Sinn dieses Tores ist es, dass er hindurchfahren soll, also tut er es. Er fährt, bis der Wagen von sich aus an einer Stelle hoch über dem zentralen Jütland stehen bleibt. Er nimmt den Hund unter den Arm, öffnet die Tür und tritt hinaus in den Himmelsraum. Er kann auf den Wolken gehen. Er kann nicht hinunterfallen und glaubt undeutlich zu erkennen, wie ihm eine Person in orangefarbenen Kleidern mit rasierter Glatze und einer großen Brille entgegenkommt. Es gibt keinen Grund, genauer hinzuschauen, denn es ist eindeutig der Dalai Lama. Der Buddhist kniet nieder und hofft, dass der Hund in diesem heiligen Augenblick nicht pinkeln muss. Er wagt nicht, aufzublicken. Er fühlt sich wie eine Fee und würde dies dem Dalai Lama gern sagen, aber er wagt nicht, zu ihm aufzublicken. Er denkt, *etwas könnte explodieren, wenn reine Güte auf reine Güte blickt. Danke*, sagt er nur. *Danke für deine Güte und Weisheit*, der Dalai Lama legt ihm die Hand auf den Kopf und erwidert: *Ich habe zu danken, mein Junge, und nun denk dran: Man muss das Chaos in sich haben, um einen tanzenden Stern gebären zu können.*

Und in dieser Szene, die sich möglicherweise im Himmel über Jütland, möglicherweise aber auch tief im Inneren des Buddhisten abspielt, finden wir den Grund, warum der Buddhist sich vier Monate später mit einem Kanister Benzin und einem Einwegfeuerzeug in seinem Büro einschließt. In dieser Situation treffen wir ihn wieder. Er sitzt am Schreibtisch, starrt auf den Kanister und registriert kaum den

Raum um sich herum. Er ist eingeschlossen in einen mentalen Käfig. Niemand kann ihn erreichen, doch der Vorstandsvorsitzende will den Buddhisten sprechen. Der Buddhist soll wegen Amtsmissbrauch, leichtfertigem Umgang mit der Wahrheit, Nachlässigkeit, emotional bedingten Entlassungen, Schludrigkeit beim Rechnungswesen, Schludrigkeit bei den Mitgliederverzeichnissen, Schludrigkeit im Umgang mit öffentlichen Fördergeldern, Sex mit Untergebenen und weiteren ähnlichen Vorfällen gefeuert werden. Vor allem aber soll der Buddhist wegen seiner Fantastereien und der Spur des Chaos gefeuert werden, die er in der Hilfsorganisation *Informationen von Volk zu Volk* hinterlassen hat. Er soll gefeuert werden, weil er mit einer wohlmeinenden Organisation gespielt hat, noch dazu mit einer viel zu hohen Meinung von sich selbst, man bietet ihm an, seinen Platz diskret zu räumen, wenn er es möchte. Diskret und mit dem Recht, eine passende Geschichte zu erfinden. Aber gefeuert werden soll er. Doch das will er nicht. Und wenn er nicht will, dann liegt das nicht daran, dass ihm die Arbeit so großen Spaß machen würde. Nein, er will nicht gefeuert werden, weil es unmöglich ist. Noch nie hat man einen großen Einzelgänger feuern können: Stalin, Hitler, Mutter Teresa, Nelson Mandela, den Dalai Lama. Er kann sie durchaus alle in einem Satz nennen. Sie haben sehr viel gemeinsam. Niemand von ihnen konnte zum Beispiel je gefeuert werden. Der Buddhist hat sich mit dem Benzin, dem Hund und der Telefonnummer seiner Exfrau in seinem Büro eingeschlossen, außerdem hat er das weibliche Vorstandsmitglied mit einem Referat im Mund auf einem Stuhl festgebunden. Er hat sich mit dem Traum von einer besseren Welt und einem Kanister von der Statoil-Tankstelle unten an der Ecke eingeschlossen. Er hat sich mit seiner Güte eingeschlossen. Und der Rest ist Geschichte.

Aus dem Dänischen von Ulrich Sonnenberg.

Die Autoren

Elmar Altvater, geb. 1938, ist Politikwissenschaftler, Autor und war Professor für Politikwissenschaften am Otto-Suhr-Institut der FU Berlin. Seit 2002 im wissenschaftlichen Beirat von Attac. Zuletzt erschien *Marx neu entdecken.*

Dirk Baecker, geb. 1955, ist Soziologe und Inhaber des Lehrstuhls für Kulturtheorie und -analyse an der Zeppelin Universität in Friedrichshafen am Bodensee. Zuletzt erschien *Neurosoziologie. Ein Versuch.*

Gerhard Klas, geb. 1967, ist Journalist und Buchautor. Zuletzt erschien von ihm (zusammen mit Philip Mader) *Rendite machen und Gutes tun? Mikrokredite und die Folgen neoliberaler Entwicklungspolitik.*

Hansjörg Küster, geb. 1956, ist Professor für Pflanzenökologie am Institut für Geobotanik, Hannover. Zuletzt erschien *Am Anfang war das Korn. Eine andere Geschichte der Menschheit.*

Elísio Macamo, geb. 1964, ist Professor für African Studies an der Universität Basel. Er lehrte zuvor Entwicklungssoziologe an der Universität Bayreuth. Zuletzt erschien von ihm (zusammen mit Birgit Obrist und Veit Arlt) *Living the City in Africa.*

Armin Nassehi, geb. 1960, ist Professor für Soziologie an der Ludwig-Maximilians-Universität München. Zuletzt erschien *Gesellschaft der Gegenwarten. Studien zur Theorie der modernen Gesellschaft II.*

Dorthe Nors, geb. 1970, lebt und arbeitet als Schriftstellerin in Dollerup, Dänemark. Zuletzt erschien *Handkantenschlag.* Für den Abdruck im *Kursbuch*: Copyright © Dorthe Nors 2008. Published by agreement with Ahlander Agency.

Thomas Palzer, geb. 1956, ist Hörfunksprecher, Filmemacher und Schriftsteller. Zuletzt erschien der Roman *Nachtwärts.*

Regina Schmeken, geb. 1955, ist Fotografin und Künstlerin. Ihre Werke finden sich u. a. in den Sammlungen des Museum of Modern Art in New York oder der Bibliothèque nationale in Paris. Zuletzt erschien der Bildband zur Ausstellung *Unter Spielern – Die Nationalmannschaft.*

Sudhir Venkatesh, geb. 1966, ist Professor für Soziologie an der Columbia University in New York City. Im Frühjahr 2015 erscheint *Floating City* in deutscher Übersetzung im Murmann Verlag.

Georg von Wallwitz, geb. 1968, studierte Mathematik und Philosophie in England und Deutschland. Seit 2004 Mitinhaber einer Münchner Investmentmanagement-Firma. Zuletzt erschien *Mr. Smith und das Paradies. Die Erfindung des Wohlstands*.

Erich Weede, geb. 1942, ist Psychologe, Politikwissenschaftler (Schwerpunkt Kriegsursachen) und Soziologe an der Universität Bonn, wo er emeritierter Lehrstuhlinhaber ist. Zuletzt erschien *Freiheit und Verantwortung, Aufstieg und Niedergang*.